Magnus Hirschfeld

Berlins drittes Geschlecht

OK Publishing 2021

Magnus Hirschfeld

Berlins drittes Geschlecht

Das homosexuelle Leben um das Jahr 1900

MUSAICUM
Books

- Innovative digitale Lösungen & Optimale Formatierung -
musaicumbooks@okpublishing.info

2021 OK Publishing

ISBN 978-80-272-4945-9

Motto:
»Die große Überwinderin aller Vorurteile ist nicht die Humanität, sondern die Wissenschaft.«

Vorwort

Als ich von Hans Ostwald aufgefordert wurde, für die von ihm herausgegebenen Großstadtdokumente den Band zu bearbeiten, welcher das Leben der Homosexuellen in Berlin behandeln sollte, glaubte ich mich diesem Wunsche nicht entziehen zu dürfen.

Wenn ich auch das Ergebnis meiner Untersuchungen auf dem Gebiete der Homosexualität bisher nur in wissenschaftlichen Fachorganen, besonders in den Jahrbüchern für sexuelle Zwischenstufen, publiziert hatte, so war ich mir doch lange darüber klar, daß die Kenntnis eines Gegenstandes, der mit den Interessen so vieler Familien aller Stände verknüpft ist, nicht dauernd auf den engen Bezirk der Fachkollegen oder auch nur der akademischen Kreise beschränkt bleiben würde und könnte.

Dies zugegeben, leuchtet es gewiß ein, daß die populär-wissenschaftliche Darstellung in einer so diffizilen Frage am geeignetsten von Seiten derjenigen erfolgen sollte, die sich vermöge ausgedehnter wissenschaftlicher Forschungen und Erfahrungen und auf Grund unmittelbarer Anschauung die erforderliche Qualifikation und Kompetenz erworben haben.

Ich war in der folgenden Arbeit bemüht, ein recht naturgetreues und möglichst vollständiges Spiegelbild von Berlins »drittem Geschlecht«, wie man es vielfach, wenn auch nicht gerade sehr treffend bezeichnet hat, zu geben. Ich war bestrebt, – ohne Schönfärberei, aber auch ohne Schwarzmalerei – alles streng wahrheitsgemäß unter Vermeidung näherer Ortsbezeichnungen so zu schildern, wie ich es zum größten Teil selbst wahrgenommen, zum kleinen Teil von zuverlässigen Gewährsmännern erfahren habe, denen an dieser Stelle für das mir erwiesene Vertrauen zu danken, ich als angenehme Pflicht empfinde.

Manchem wird sich hier innerhalb der ihm bekannten Welt eine neue Welt auftun, deren Ausdehnung und deren Gebräuche ihn mit Erstaunen erfüllen werden.

Man hat gelegentlich die Befürchtung ausgesprochen, es könnte durch populäre Schriften für die Homosexualität selbst »Propaganda« gemacht werden. So sehr eine gerechte Beurteilung der Homosexuellen angestrebt werden muß, so wenig wäre dieses zu billigen. Die Gefahr liegt aber nicht vor. Die Vorzüge der normalsexuellen Liebe, wie sie – um nur von vielen einen zu nennen – vor allem im Glücke der Familie zum Ausdruck gelangen, sind denn doch so gewaltige, die Nachteile, die aus der homosexuellen Anlage erwachsen, so außerordentliche, daß, wenn ein Wechsel der Triebrichtung möglich wäre, er gewiß für die Homosexuellen, nicht aber für die Normalsexuellen in Betracht kommen würde.

Tatsächlich hat aber die wissenschaftliche Beobachtung in Übereinstimmung mit der Selbsterfahrung sehr zahlreicher Personen gelehrt, daß ein derartiger Umschwung nicht möglich ist, da nichts dem Charakter und Wesen eines Menschen so adäquat und fest angepaßt ist, wie die nach Ergänzung der eigenen Individualität zielende Pachtung des Liebes- und Geschlechtstriebes.

Ob und inwieweit die Handlungen der Homosexuellen unter den Begriff von Schuld und Verbrechen fallen, ob und inwieweit ihre Strafverfolgung zweckmäßig oder notwendig erscheint, inwieweit diese überhaupt möglich ist – diesen Schluß möge am Ende meines Berichtes der Leser seinerseits ziehen.

Charlottenburg, den 1. Dezember 1904

Dr. Magnus Hirschfeld

Wer das Riesengemälde einer Weltstadt wie Berlin nicht an der Oberfläche haftend, sondern in die Tiefe dringend erfassen will, darf nicht den homosexuellen Einschlag übersehen, welcher die Färbung des Bildes im einzelnen und den Charakter des Ganzen wesentlich beeinflußt.

Es ist zwar nicht sehr wahrscheinlich, daß in Berlin mehr Homosexuelle geboren werden, wie in der Kleinstadt oder auf dem Lande, doch liegt die Vermutung nahe, daß bewußt oder unbewußt diejenigen, welche von der Mehrzahl in nicht erwünschter Form abweichen, dorthin streben, wo sie in der Fülle und dem Wechsel der Gestalten unauffälliger und daher unbehelligter leben können. Das ist ja gerade das Anziehende und Merkwürdige einer Millionenstadt, daß das Individuum nicht der Kontrolle der Nachbarschaften unterliegt, wie in den kleinen Orten, in denen sich im engen Kreise die Sinne und der Sinn verengern. Während dort leicht verfolgt werden kann und eifrig verfolgt wird, wann, wo und mit wem der Nächste gegessen und getrunken hat, spazieren und zu Bett gegangen ist, wissen in Berlin die Leute oft im Vorderhause nicht, wer im Hinterhause wohnt, geschweige denn, was die Insassen treiben. Gibt es hier doch Häuser, die an hundert Parteien, an tausend Menschen beherbergen.

Was sich in der Großstadt dem Nichtkenner verbirgt, tritt, weil es sich ungezwungener gibt, dem Kenner um so leichter entgegen.

Wer gut unterrichtet ist, bemerkt auf den Straßen, in den Lokalen Berlins bald nicht nur Männer und Frauen im landläufigen Sinn, sondern vielfach auch Personen, die von diesen in ihrem Benehmen, oft sogar in ihrem Äußeren verschieden sind, so daß man geradezu neben dem männlichen und weiblichen von einem dritten Geschlecht gesprochen hat.

Ich finde diesen Ausdruck, der schon im alten Rom gebräuchlich war, nicht gerade glücklich, aber immerhin besser, als das jetzt so viel angewandte Wort homosexuell (gleichgeschlechtlich), weil dieses der weit verbreiteten Anschauung Nahrung gibt, es müßten, wenn irgendwo mehrere Homosexuelle zusammen sind, sexuelle Akte vorgenommen oder doch wenigstens beabsichtigt werden, was den Tatsachen in keiner Weise entspricht.

Man möge, wenn in den folgenden Schilderungen von Homosexuellen die Rede ist, nicht an geschlechtliche Handlungen irgendwelcher Art denken. Kommen diese vor, so entziehen sie sich nicht nur wegen ihrer Strafbarkeit, sondern vor allem wegen des natürlichen Scham- und Sittlichkeitsgefühls, welches bei den Homosexuellen ebenso ausgeprägt ist wie bei den Normalsexuellen, der Beobachtung, keineswegs sind sie das Hauptsächliche, sie fehlen sogar häufig. Das Wesentliche ist das Wesen des Uraniers – so wollen wir in dieser Schrift den homosexuell Empfindenden mit Ulrichs nennen – sein Verhalten gegenüber dem männlichen und weiblichen Geschlecht, sind die aus seiner Naturbeschaffenheit sich ergebenden Sympathien und Antipathien.

Aber selbst für den, der viele typische Eigenschaften urnischer Menschen kennt, bleiben doch sehr viele verborgen, sei es, weil ihnen, was nicht selten vorkommt, tatsächlich bemerkbare Anzeichen fehlen, sei es, weil sie ihre Lebenskomödie, die oft mehr eine Lebenstragödie ist, mit großem Geschick spielen, indem sie sich den Normalen in allen Gewohnheiten anpassen und ihre Neigungen wohlweislich zu verheimlichen wissen. Die meisten legen viel Wert darauf, daß »man ihnen nichts anmerkt«. Ich kenne in Berlin Homosexuelle, auch solche, die durchaus nicht enthaltsam sind, welche Jahre, Jahrzehnte, ja ihr ganzes Leben lang ihre Umgebung über ihre Natur täuschten; besonders verbreitet ist es auch, wenn den Kameraden über Liebesabenteuer berichtet wird, ähnlich manchen Übersetzern antiker Schriftsteller, die männliche Person in eine weibliche umzuwandeln.

Die örtlichen Verhältnisse Berlins erleichtern diese Umwandlung ungemein. Wer im Osten wohnt, dort seine geschäftlichen und verwandtschaftlichen Beziehungen hat, kann sich mit seinem Freunde jahrelang im Süden treffen, ohne daß man in seiner Gegend etwas davon weiß. Es gibt viele Berliner im Westen, die nie den Wedding sahen, viele am Kreuzberg, die nie das Scheunenviertel betraten. Ich behandelte lange eine alte Berlinerin, die die Witwe eines Musikers war; sie hatten eine einziges Kind gehabt, einen Sohn, der nicht gut tun wollte, früh hinter die Schule ging, tagelang fortblieb und vagabundierte. Die Eltern suchten ihn immer wieder, schließlich als er 21 Jahre alt war, verloren sie die Geduld und ließen ihn laufen. 26 Jahre lang hatte die Mutter nichts mehr von ihrem Jungen gehört und gesehen; sie hatte die Siebzig überschritten, ihr Mann war längst gestorben, da tauchte er eines Tages wieder bei ihr auf, ein vorzeitig gealterter 47jähriger Mann mit struppigem Vollbart, ein Pennbruder, dessen »Organismus durch Alkohol vergiftet« war; er wollte fragen, ob sie nicht noch »von Vatern ein paar alte Kleider hätte«. Das Eigenartige war, daß Mutter und Sohn in den 26 Jahren Berlin nie verlassen hatten. In einer Kleinstadt würde ein solcher Fall nicht möglich sein.

Man sollte es kaum glauben, wie viele Personen in der preußischen Hauptstadt, die als ein Muster der Ordnung gilt und es auch im Vergleich mit anderen Weltstädten ist, leben, ohne daß die Behörden von ihnen wissen. Ich habe mit Erstaunen wahrgenommen, wie lange sich oft ausgewiesene Ausländer unbeanstandet in Berlin aufhalten, noch mehr, wie Personen, die polizeilich gesucht werden, Monate und Jahre unangemeldet hier verweilen, nicht etwa in entlegenen Stadtvierteln, sondern häufig auf den Sammelplätzen des Verkehrs, wo man sie am wenigsten vermutet.

Wart Ihr schon einmal im Zimmer 361 auf dem Polizeipräsidium am Alexanderplatz? Es ist eine der merkwürdigsten Stätten in dieser an eindrucksvollen Örtlichkeiten gewiß nicht armen Stadt. Hoch über den Dächern der Großstadt gelegen, befindet sich dieser Raum inmitten einer Flucht von Zimmern, in denen alphabetisch geordnet zehn Millionen Blätter aufgestapelt sind. Jedes Blatt bedeutet ein Menschenleben. Die noch leben, liegen in blauen, die Verstorbenen ruhen in weißen Pappkartons. Jedes Blatt enthält Namen, Geburtsort und Geburtstag von jeder Person, die seit dem Jahre 1836 in einem Berliner Hause eine Wohnung oder ein Zimmer inne-hatte. Alle Um- und Abmeldungen, jeder Wechsel der Wohnungen wird sorgsam verzeichnet. Es gibt Bogen, die dreißig Wohnungen und mehr enthalten, andere, auf denen nur eine steht; es sind Personen darunter, die ihre Berliner Laufbahn in einem Keller des Ostens begannen und im Tiergartenviertel endeten, und andere, die anfangs vorn im ersten Stock wohnten und im Hof vier Treppen ihre Tage beschlossen. Nach Zimmer 361 werden alle diejenigen verwiesen, die in Berlin jemanden suchen. Von morgens 8 bis abends 7 Uhr wandern Hunderte und Hunderte, im Jahre viele Tausende die hohen steinernen Treppen empor. Jede Auskunft kostet 25 Pfennig. Es kommen nicht nur solche, die Geld zu fordern haben, Leute, für die ein Mensch erst dann Wert bekommt, wenn er ihnen etwas schuldet, nein, so mancher klimmt hinauf, der aus fernen Landen heimgekehrt ist und nun nachforscht, ob und wo noch einer seiner Verwandten und Jugendgefährten lebt. Die ersten Jahre schrieben sie einander noch, dann schlief der Briefwech-sel ein, und nun hat der Fremdling noch einmal die alte Heimat aufgesucht. Bangen Herzens schreibt er den Namen und die letzte ihm bekannte Wohnung seiner Mutter auf den Auskunfts-zettel – sie ist lange verstorben; er fragt nach Brüdern, Schwestern und Freunden, alles, alles dahin, und tief bekümmert wandert der Vereinsamte die schmalen Treppen wieder hinunter.

Wie viele erkundigen sich da oben vergebens, Eltern, die verlorene Söhne suchen, Schwe-stern, die nach ihren Brüdern fragen, und Mädchen, die nach dem Vater des Kindes forschen, dessen Zukunft in ihrem Schoße ruht. »Ist nicht gemeldet«, »unbekannt verzogen«, »ausgewan-dert«, »verstorben«, meldet der stets gleichmütige Beamte, wenn er nach einer halben Stunde wiederkehrt und die Wartenden aufruft, welche still, ernst und verzagt, nur selten frohen Mutes herabsteigen, um wieder unterzutauchen in das Häuser- und Menschenmeer des gewaltigen Berlin.

Die Leichtigkeit, in einer Stadt von 2 ½ Millionen Einwohnern unsichtbar zu versinken, unterstützt sehr jene Spaltung der Persönlichkeit, wie sie auf sexuellem Gebiete so häufig vor-kommt. Der Berufsmensch und der Geschlechtsmensch, der Tag- und Nachtmensch sind oft zwei grundverschiedene Persönlichkeiten in einem Körper, der eine stolz und ehrbar, sehr vor-nehm und gewissenhaft, der andere von allem das Gegenteil. Das gilt für Homosexuelle ebenso wie für Normalsexuelle. Ich kannte einen urnischen Rechtsanwalt, der, wenn er abends sein Bu-reau im Potsdamer Viertel oder eine Gesellschaft seiner Kreise verlassen hatte, seine Stammknei-pe im südlichen Teil der Friedrichstadt aufsuchte, eine Kaschemme, in der er mit dem Revolver-heini, dem Schlächterherrmann, dem Amerikafranzi, dem tollen Hunde und anderen Berliner Apachen die halben Nächte spielend, trinkend und lärmend verbrachte. Die rohe Natur dieser Verbrecher schien auf ihn eine unwiderstehliche Anziehungskraft auszuüben. Noch weiter ging ein anderer, ein früherer Offizier, der einer der ersten Familien des Landes angehört. Dieser vertauschte zwei- bis dreimal die Woche abends den Frack mit einer alten Joppe, den Zylinder mit einer Schiebermütze, den hohen Kragen mit einem bunten Halstuch, zog sich den Swea-ter, Schiffer- oder Manchesterhosen und Kommißstiefel an und trieb sich etliche Stunden in den Destillen des Scheunenviertels umher, deren Insassen ihn für ihresgleichen hielten. Um vier Uhr früh fand er sich im Hammelstall, einer vielbesuchten Arbeitslosenkneipe unweit des Bahnhofs Friedrichstraße, zum »Kaffeestamm« ein, nahm sein Frühstück für zehn Pfennig mit den ärmsten Vagabonden, um nach einigen Stunden Schlaf wieder zum Leben eines untadeligen Kavaliers zu erwachen.

Auch eine homosexuelle Dame ist mir erinnerlich, die in einem ganz ähnlichen Doppelleben oft als Köchin die Tanzlokale von Dienstboten besuchte, in deren Mitte sie sich außerordentlich wohl fühlte.

Besonders merkwürdig ist diese Halbierung oder – wenn man will – Verdoppelung der Persönlichkeit in denjenigen Fällen, wo sie zugleich mit einer Spaltung in zwei Geschlechter verbunden ist.

Ich besitze die Photographie eines Mannes in eleganter Damentoilette, der jahrelang unter den Weibern der Pariser Halbwelt eine Rolle spielte, bis durch einen Zufall ans Licht kam, daß »sie« in Wirklichkeit ein Mann und zwar nicht einmal ein homosexueller Mann war. Auch in Berlin sind wiederholt Männer aufgegriffen, die der weiblichen Prostitution oblagen. Mehr als eine Frau ist mir in Berlin bekannt, die zu Hause vollkommen als Mann lebt. Eine der ersten, die ich sah, war mir während einer Feier in der Philharmonie durch ihre tiefe Stimme und ihre männlichen Bewegungen aufgefallen. Ich machte ihre Bekanntschaft und bat, sie besuchen zu dürfen. Als ich am folgenden Sonntagnachmittag in der Dämmerstunde an ihrer Tür klingelte, öffnete mir ein junger Mann, der von einem Hunde umsprungen wurde, die dampfende Zigarre in der Hand hielt und nach meinem Begehr fragte. »Ich wünsche, Fräulein X. zu sprechen, bringen Sie ihr, bitte, meine Karte.« »Treten Sie nur näher,« erwiderte lachend der junge Bursche, »ich bin es ja selbst.« Ich erfuhr, daß das Mädchen in ihrer Häuslichkeit vollkommen als Mann lebte; es war eine wackere Person, die den Kampf mit dem Leben tapfer aufgenommen, manche Heirat, durch die sie »gut versorgt« worden wäre, abgelehnt hatte, weil sie »keinen Mann betrügen« wollte.

Die Spaltung der Persönlichkeit kann so weit gehen, daß der Tagesmensch sich über die Lebensführung seines nächtlichen Ichs sittlich entrüstet und heftig dagegen eifert. Es ist nicht immer bloße Heuchelei gewesen, wenn jemand, der sich in den schärfsten Ausbrüchen gegen die Homosexualität wandte, eines Tages mit dem § 175 R.-Str.-G.-B. in Konflikt geriet.

Wenn übrigens auch in Berlin trotz der verhältnismäßigen Bequemlichkeit und Sicherheit sexuellen Verkehrs eine große Anzahl Uranier enthaltsam leben – was zweifellos der Fall ist –, so geschieht dies weniger aus Angst, als weil ihre sonstige Charakterveranlagung sie zur Enthaltsamkeit führt und ihnen dieselbe ermöglicht. Viele dieser Homosexuellen leben als Junggesellen völlig einsam; manche bringen durch intensive geistige Beschäftigung ihren Sexualtrieb zum Schweigen, einige gelten als Sonderlinge, haben auch in der Tat häufig etwas Schrullenhaftes, Altjüngferliches, andere entwickeln einen großen Sammeleifer, der sich nicht selten auf Gegenstände erstreckt, die mit ihrer Neigung in einem gewissen Zusammenhang stehen; so weiß ich von einem urnischen Prinzen in Berlin, welcher mit einer wahren Leidenschaft Soldaten-Darstellungen aller Zeiten und Länder sammelte. Wieder andere suchen und finden eine Ablenkung und Befriedigung ihres sexuellen Triebs darin, daß sie Stätten aufsuchen, Schwimmbäder, Turnhallen, Sportplätze, wo sie Gelegenheit haben, sich am Anblick ihnen sympathischer Gestalten zu erfreuen, oder aber sie schließen sich aus demselben Grunde Vereinen an. Namentlich in den eingeschlechtlichen Vereinen Berlins, wie den Turnvereinen und den Vereinen christlicher junger Männer, ebenso auch in den Frauenklubs und Frauenvereinen – vom Dienstboten- bis zum Stimmrechtsverein – sind urnische Mitglieder nichts Seltenes, oft ist sogar das urnische Element die treibende Kraft des Vereins. Vielfach sind sich die Betreffenden ihrer Urningsnatur gar nicht oder nur wenig bewußt und werden erst aufmerksam, wenn ein dritter, meist mehr im Scherz als im Ernst, Bemerkungen macht, wie: »Du benimmst Dich ja wie ein warmer Bruder.«

Vor einiger Zeit suchte mich einmal ein Mitglied eines spiritistischen Vereins auf, um sich zu vergewissern, ob er homosexuell sei; ein Vereinsbruder habe ihm bei einem Streite zugerufen: »Schweig, Du Zwitter.« Dieser stark feminine und offenbar recht nervöse Jüngling berichtete mir, daß er im gewöhnlichen Leben weder zum Weibe, noch zum Manne sinnliche Regungen verspüre, nur wenn er in den Trance-Zustand verfiele, was leicht der Fall sei, fühle er sich als eine Indierin und empfände als solche eine starke Liebe zu einem seiner Vereinsbrüder.

Trotzdem sich die Urninge in ihren Vereinen meist gut zu beherrschen wissen, kommt es doch hie und da zum »Skandal«, namentlich wenn sich unter der Wirkung leichter Alkoholmengen die Zügel lockern, welche sie ihrer wahren Natur sonst anzulegen wissen. Ich will ein in mehr als einer Hinsicht lehrreiches Beispiel anführen.

Vor etwa zehn Jahren veranstaltete ein Missionar in einem religiösen Zwecken dienenden Hause große Versammlungen und Feiern, die sich eines ungewöhnlich regen Zuspruches erfreuten. »Das gewinnende, liebenswürdige Wesen dieses Mannes zog wie ein Magnet.« Er war eine Persönlichkeit von angenehmstem Äußern, Mitte der Dreißig, sehr begabt und ein trefflicher Redner. »Er brauchte nur zu bitten, und die Gaben flossen in Massen; überall war er maßgebend, geliebt und verehrt, besonders bei den Frauen.« Man fand nicht Worte genug über seine Herzensgüte; er selber berichtete in den Versammlungen häufig, wie er in den Gefängnissen so oft und gern Trost spendete, wie er nachts junge Menschen in den Anlagen ohne alle Mittel gefunden, sie mit nach Hause genommen und bei sich beherbergt habe. Er hatte dabei ein im Grunde fröhliches Gemüt. Wer ihn auf den sommerlichen Ausflügen des Vereins beobachtete, wie er mit seinen Schülern Kampfspiele veranstaltete, mit ihnen rang und ausgelassen tollte, freute sich ohne Argwohn der anscheinend so harmlosen Freudigkeit des unermüdlichen Gottesstreiters. Eines Tages aber bemächtigte sich tiefe Betrübnis und große Entrüstung des frommen Vereins. Herr W. war wegen unsittlicher Handlungen mit jungen Männern verhaftet worden. Bei der Gerichtsverhandlung bekundeten zwölf Jünglinge, daß W. sie unzüchtig berührt habe, sogar hinter der Kanzel, an der Orgel und in der Sakristei habe er solches getan und jedesmal hinterher mit ihnen gebetet. Er wurde zu einer schweren Freiheitsstrafe verurteilt.

Ich verdanke diesen Bericht einem sehr ehrenwerten Uranier, der demselben christlichen Verein angehörte. »Nie hätte ich,« so schreibt er mir, »geglaubt, daß dieser geehrte Herr so jäh aus seiner Höhe stürzen könnte, daß meine inneren Empfindungen, die ich in harten Kämpfen unterdrückte, um deren Überwältigung willen ich jene fromme Gesellschaft aufgesucht hatte, so denen ihres Leiters glichen. Als sich das geschilderte Trauerspiel zutrug, dachte ich in Demut: ›Herr, sei mir Sünder gnädig‹, und bin mit vielen anderen aus dem schwer geschädigten Verein geschieden.«

Vielfach widmet sich der homosexuelle Platoniker nicht sowohl einer Vereinigung, als vielmehr einer einzigen Person, an der er Gefallen gefunden hat. Wie viele dieser Männer lassen nicht ihre Schützlinge ausbilden, studieren, nehmen sie auf Reisen mit, setzen ihnen Renten aus, adoptieren sie, bedenken sie in ihrem Testament, bemühen sich um sie in intensivster Weise, ohne daß es je zu einem Kusse kommt, ja, ohne daß sich die Betreffenden der sexuellen Grundlage ihrer Neigung bewußt werden, wiewohl sie die Briefe ihrer Freunde nicht weniger sehnsüchtig erwarten, nicht minder begierig lesen, wie ein Bräutigam die seiner Braut. Und noch seltener ist sich der Empfangende in solchen Verhältnissen über die wahre Natur seines »väterlichen« Freundes klar. Wohl ist er und seine Familie über »das gute Herz« ihres besten Freundes des Lobes voll, das hindert aber den jungen Mann nicht, gelegentlich recht weidlich über die Homosexuellen zu schelten, ohne zu ahnen, wie schwer er jenen trifft, den er gewiß am wenigsten verletzten möchte.

Ich will hier ein Gedicht eines Berliner Urnings an seinen Freund zur Kenntnis bringen, das recht anschaulich zeigt, wie schwer die unmerklich in einander übergehenden Grenzen zwischen den geistigen, seelischen und körperlichen Äußerungen des in Form und Stärke, nicht aber in seinem Wesen verschiedenartigen Gefühls zu ziehen sind. Es lautet:

Ihm in die tiefen, treuen Augen sehen,

Mit ihm vereint an meinem Fenster stehen,

Zu lehnen mein Gesicht an seine Wange,

Ganz still, recht fest und lange, lange,

Ist das nicht Glück genug –
Ihm sanft die Hände zu berühren,

Den Atem seiner Brust zu spüren,

Mit meinem Haupt an seinem Herzen liegen

Und meinen Mund an seine Lippen schmiegen,

Das ist doch Glück genug –
Zu schauen, wenn er lacht und froh sich regt,

Zu merken, wenn er ernst und tief bewegt,

Zu sehen, wie in allem, was er treibt,

Er stets sich gleich an Kraft und Schönheit bleibt,

Ist das nicht Glück genug –
Die Ansicht mit ihm auszutauschen,

Dem Wohllaut seiner Stimme lauschen,

Sein Leben schöner zu gestalten,

Wenn Leid ihn quält, treu zu ihm halten,

Das ist doch Glück genug –
Ihm sagen können, daß er mir das Höchste,

Von ihm vernehmen, daß ich ihm der Nächste,

Ihm schildern dürfen, wie sehr ich ihn liebe,

Den Wunsch zu hören, daß sein Freund ich bliebe,

Das ist doch Glück genug –
O, wenn ich es doch nie erlebte,

Daß ich noch mehr an Glück erstrebte,

Als mir so reichlich ist beschieden,

Dann hätten er und ich den Frieden,

Und beide Glück genug.

Auch der folgende ausführliche Bericht eines keuschen Uraniers über das erste Erwachen seiner Liebe – er rührt von einem mir bekannten Studenten her, der sich noch nie sexuell betätigt hat – bestätigt den Satz, daß sich der homosexuelle Trieb wohl in seiner Richtung und Bedeutung, nicht aber in seiner Naturwüchsigkeit von der normalsexuellen Liebe unterscheidet:

Ich bin in dem ›Sündenbabel‹ Berlin aufgewachsen, habe mit vielen gleichalterigen Kameraden eine öffentliche Schule besucht, bin sogar in einer Pension gewesen, wo es sicher nicht sehr zart herging, und habe mir trotzdem gerade in sexueller Beziehung merkwürdig lange meine Kindlichkeit bewahrt. Ich habe nie, wie andere Kinder, Vergnügen daran gefunden, darüber zu reden und zu grübeln, ›woher die Kinder kommen‹, ich hatte sogar eine merkwürdige Scheu, deren Ursachen mir noch jetzt unerklärlich sind, über solche Dinge reden zu hören. So galt ich noch mit 15 Jahren, und zwar mit Recht, unter meinen Kameraden für ›unschuldig‹; an den Klapperstorch glaubte ich ja nicht gerade mehr, aber ich hatte keine Ahnung von dem Wesen des Unterschiedes der Geschlechter und von irgendwelchen sexuellen Beziehungen. Natürlich verstand ich auch nichts von den bekannten Witzen, die über dieses Thema gemacht wurden, was am meisten dazu beitrug, den Ruf meiner ›Unschuld‹ zu verbreiten.

In dieser Zeit, ich war 17 Jahre, faßte ich eine eigenartige Zuneigung zu einem meiner Mitschüler, dem Primus der Klasse; ich war nicht so befreundet mit ihm wie mit meinen speziellen Schulfreunden, und doch hatte ich immer eine ganz besondere Freude daran, einmal mich länger mit ihm zu unterhalten, auf dem Schulhofe mit ihm zusammen zu gehen, oder gar einmal in der Stunde neben ihm zu sitzen. Gerade dies erreichte ich zu meinem Schmerz nur sehr selten, fast immer saß ich dritter, also noch ein anderer zwischen uns, und ich mußte mich begnügen, ihn so oft wie möglich anzusehen, wobei ich mir Mühe gab, das von ihm nicht bemerken zu lassen. Überhaupt nahm ich mich aufs äußerste in acht, daß niemand meine Beziehungen zu ihm, die übrigens völlig einseitig waren und blieben, bemerkte; ich wußte es damals nicht und weiß mir auch jetzt noch keinen rechten Grund dafür anzugeben, warum ich meine Zuneigung jedem Menschen gegenüber und besonders vor dem Geliebten selbst geheim hielt. Ich hatte wahrscheinlich das richtige Gefühl, doch nicht verstanden zu werden, und außerdem war ich mir meines Zustandes selbst nur ganz dunkel bewußt, ich hätte wohl gar nicht aussprechen und in Worte fassen können, was ich da eigentlich dachte und fühlte. Und doch war es so herrlich schön, sich vorzustellen, wenn wir beide so recht sehr befreundet wären, immer zusammen sein könnten, die Schularbeiten gemeinsam machten und uns nie zu trennen brauchten. Und wenn ich dann abends im Bett lag, malte ich mir alle möglichen Ereignisse aus, die eintreten müßten, damit wir recht eng befreundet werden könnten; da konnte doch z.B. sein Haus abbrennen, dann würde er keine Wohnung haben, und ich würde ihn auffordern, bei uns zu wohnen; und dann würde er sogar bei mir im Bett schlafen, so daß ich ihn so recht fest umarmen und an mich drücken könnte, um ihm zu zeigen, wie lieb ich ihn habe.

Wohlgemerkt: Diese Gedanken kamen mir und erfüllten mich mit größter Seligkeit, ohne daß ich eine Ahnung hatte von den sexuellen Beziehungen der Geschlechter. Mein Gemüt war vollständig rein, unverdorben durch unsaubere und schmutzige Geschichten, wie sie andere Großstadtkinder oft allzu früh zu hören bekommen; meine Phantasie war nicht erregt durch derartige Dinge. Und dennoch kamen diese ›unsittlichen, unzüchtigen‹ Vorstellungen? Nein, es lag nicht das geringste Unsittliche in diesen Gedanken, konnte gar nicht darin liegen, und diese Tatsachen, die ich an mir selbst erlebt habe, die ich gefühlt und gedacht habe mit meinem innersten Herzen, sind mir der sicherste und unumstößlichste Beweis dafür, daß in der Homosexualität an sich keine Spur von dem enthalten ist, was Unwissenheit und Unkenntnis hineinlegen wollen. Es sei denn, daß man das Geschlechtliche überhaupt als etwas Unsittliches ansieht, daß man die natürliche Weltordnung anzutasten versucht, indem man das Heiligste im Menschenleben in den Schmutz zieht, dann kann man die gleichgeschlechtliche Liebe gleich mit verdammen. – Jetzt weiß ich, daß das, was sich damals in mir abspielte, nichts anderes war, als das erste Erwachen der Liebe in einem noch kindlichen Gemüt, das nicht wußte, was in ihm vorging, und doch von dieser neuen Herrlichkeit gänzlich erfüllt war.

Und wie hier beim ersten Male der Gegenstand meiner Liebe ein männliches Wesen war, so ist es bei mir bisher geblieben. Wenn andere ›normale‹ Männer auf der Straße ein hübsches Mädchen sehen, so blicken sie sich unwillkürlich danach um; mir ergeht es genau so mit schönen Jünglingen, denen ich ebenso unwillkürlich nachsehe. Trete ich in eine Gesellschaft, komme ich auf einen Ball etc., so geschieht es oft, daß mir ganz unbewußt irgendeiner der jungen Leute, den ich nicht kenne, auffällt, und ich ertappe mich nachher dabei, daß ich fortwährend darauf geachtet habe, was der Betreffende tut, mit wem er tanzt etc., etc.

Jene erste Liebe wurde nach einiger Zeit abgelöst durch eine andere größere Leidenschaft, die mich zu einem anderen Mitschüler ergriff, der zwar ein ganzes Jahr älter war als ich, aber in einer tieferen Klasse saß. Ich kann mich darauf besinnen, wie ganz allmählich die ersten Zeichen dieser Liebe bei mir auftauchten, wie ich jede mögliche Gelegenheit benutzte, mit ihm zusammen zu sein: auf dem Schulhofe, auf der Straße, bei den Turnspielen usw. Und dabei war es noch besonders schwierig, diesen Verkehr reger werden zu lassen; nicht nur, daß er in einer anderen Klasse war, sondern es gab auch eigentlich gar keine gemeinsamen Interessen zwischen uns, wir hatten keine gemeinsamen Freunde, und er war gerade im Kreise meiner nächsten Freunde besonders unbeliebt. Um so auffälliger mußte es sein, wenn ich mich mit ihm näher befreundete, und ich suchte die verschiedensten Vorwände, diese Annäherung zu erklären, nicht nur vor anderen, sondern besonders vor mir selbst, der ich noch immer nicht ahnte, was in mir vorging. Aber gerade in dieser Zeit, ich war 18 Jahre, ging mir das Licht über die wahre Bedeutung der Sache auf, in dieser Zeit, wo ich regelrechte Fensterpromenaden vor seinem Hause machte, die Zeit abpaßte, wann er herauskam, um ihm zufällig zu begegnen, und an nichts anderes dachte als an ihn. Ja, ich wußte bald, daß ich ihn wirklich und regelrecht liebte, aber es ihm zu sagen, dazu hatte ich nicht den Mut, ja, ich gab mir sogar noch lange Zeit Mühe, es ihn nicht einmal merken zu lassen. Unser Verkehr wurde aber reger, obgleich ich wußte, daß er sich nicht allzu viel aus mir machte; ich benutzte jede Gelegenheit, unsere Beziehung enger und freundschaftlicher zu gestalten, was auch äußerlich gelang, ohne daß es jedoch trotz größter Anstrengung meinerseits zu einer wirklichen Freundschaft kam. Es lag überhaupt in K.'s Wesen, daß er keine Freunde besaß, und so hatte ich in dieser Zeit eigentlich nur einmal Gelegenheit, die Qualen der Eifersucht kennenzulernen; doch gerade diese Eifersuchtsanwandlung, die mir ordentlich zu schaffen machte, brachte mir gleichzeitig volle Gewißheit über meine homosexuelle Liebe. Schließlich wurde das Gefühl, das mich zu ihm hinzog, so übermächtig, und ich wurde der Heuchelei vor ihm und vor mir selbst so müde, daß ich ihm eines Abends, als wir in seinem Zimmer zusammen arbeiteten, um den Hals fiel, ihn mit Küssen überschüttete und ihm alles beichtete. Er nahm diesen Ausbruch etwas verwundert, aber doch ganz ruhig hin, jedenfalls ohne zu begreifen, um was es sich eigentlich handelte.

Die nun folgenden Wochen waren die bisher schönsten meines Lebens; fast jeden Abend waren wir zusammen, ich half ihm bei allen seinen Schularbeiten, und wenn wir damit fertig waren, saßen wir eng aneinander geschmiegt und sprachen über alles und nichts. Doch es waren leider nur wenige Wochen; denn genau zur selben Zeit stellte sich auch bei meinem K. die Liebe ein – aber nicht zu mir, sondern zu einem kleinen Mädchen. Und wenn ich jetzt nachmittags zu ihm kam, dann hatte er mir von nichts anderem zu erzählen, als von ihr, und auf dem Schulwege sprach er mit mir von *ihr*, und abends ging ich mit ihm fort dahin, wo er *sie* treffen wollte, und wartete, bis sie kam, sprach ein paar Worte mit ihr, ging ein paar Schritte mit und verabschiedete mich dann, um die beiden allein zu lassen ich war ja überflüssig. Ich kann nicht gerade sagen, daß ich auch hier eifersüchtig war, im Gegenteil: es floß wohl auch ein Teil meiner Liebe zu K. auf seine Freundin über, da *sie* es ja war, die ihn glücklich machte. Aber das Herz blutete mir doch, wenn er mir z.B. seine Tagebücher gab, in denen nur von *ihr* stand, was sie tat und sagte und dachte, und wo ich kaum mal mit einem Worte erwähnt wurde. Am meisten jedoch schmerzte mich, daß er sich energisch weigerte, meine Küsse und Zärtlichkeiten weiter zu dulden; denn gerade weil ich ihm klar gemacht hatte, daß meine Empfindungen zu ihm wahre Liebe seien, weil ich ihm mit allen Mitteln, die mir damals zu Gebote standen, überzeugt hatte, daß meine Liebe zu ihm etwas Berechtigtes sei, wie die zwischen Mann und

Weib, gerade darum behauptete er, *ihr* untreu zu werden, wenn er sich noch ferner von mir küssen ließe. ›Freunde können wir ja bleiben‹, sagte er, ›denn ich habe dich ganz gern, aber nicht anders wie andere Freunde wollen wir sein.‹

Und so blieben wir Freunde noch zwei Jahre lang, und ich schmeichle mir, wenigstens in der ersten Zeit einen recht guten Einfluß auf ihn ausgeübt zu haben; nicht nur, daß ich ihm bei seinen Arbeiten half, sondern ich versuchte auch, ihm etwas höhere Interessen beizubringen, als er sie leider besaß, ihn zu veranlassen, sich auch mit wissenschaftlichen, politischen etc. Fragen zu beschäftigen, auf die ihn die Erziehung, die er gehabt hatte, das Milieu, in dem er lebte, und seine eigene Interesselosigkeit bisher nicht hingewiesen hatten. Meine Liebe zu ihm blieb lange Zeit mit unverminderter Stärke bestehen, und noch heute bin ich von dieser Leidenschaft nicht ganz geheilt.

Im Laufe dieser Jahre bin ich allmählich auf meine Veranlagung aufmerksam geworden, zuerst wohl nach der negativen Seite hin. Wenn meine Mitschüler allmählich anfingen, von ihren Liebsten zu erzählen, deren Namen in die Schulbänke einzukratzen, bei jeder Gelegenheit ihnen Ansichtskarten zu schreiben, so dachte ich zunächst, besonders da ich immer einer der Jüngsten in der Klasse war, das würde mit der Zeit bei mir auch noch kommen. Und dabei ahnte ich nicht, daß die Zuneigung zu meinem K. nichts anderes als wirkliche, wahrhaftige Liebe war, stärker vielleicht und tiefer, als sie die meisten anderen zu ihren Mädels empfanden. Erst durch einige Analogien, die mir zufällig auffielen, kam mir eine Ahnung des wahren Sachverhalts. Wie jeder richtig Verliebte machte ich meine Fensterpromenaden, ging täglich, so oft wie möglich, und wenn es die größten Umwege kostete, an *seinem* Hause vorbei und war glücklich, wenn *er* mal am Fenster stand. So dämmerte es in mir auf, und nun einmal aufmerksam geworden, unwillkürlich weiter Anhaltspunkte suchend, kam ich halb zur Klarheit über mich. Ich entsinne mich z.B. noch genau, welch tiefen Eindruck es auf mich machte, als meine Mutter einmal scherzend zu mir sagte: ›Paul, Paul, wer immer so allein spazieren geht, der ist verliebt‹; ich hatte ja tatsächlich meinen Bruder nur darum nicht mitnehmen wollen, um, wenn ich *ihn* treffen sollte, allein mit ihm zu sein.

»Feste Verhältnisse« homosexueller Männer und Frauen, oft von sehr langer Dauer, sind in Berlin etwas ganz außerordentlich Häufiges.

Man muß an vielen Beispielen wahrgenommen haben, mit welcher Innigkeit in solchen Bündnissen häufig der eine an dem anderen hängt, wie sie für einander sorgen und sich nach einander sehnen, wie sich der Liebende in die ihm oft so fern liegenden Interessen des Freundes hineinversetzt, der Gelehrte in die des Arbeiters, der Künstler in die des Unteroffiziers, man muß gesehen haben, welche seelischen und körperlichen Qualen diese Menschen nicht selten infolge Eifersucht erleiden, um allmählich inne zu werden, daß kein »Fall widernatürlicher Unzucht« vorliegt, sondern ein Teil jener großen Empfindung, die nach der Ansicht vieler dem Menschendasein erst Wert und Weihe gibt.

Ich behandelte einst eine adelige Dame, die seit einer Reihe von Jahren mit einer Freundin zusammen lebte, an einem schweren Nervenleiden. Weder vorher noch nachher habe ich in meiner Krankenpraxis ein so liebevolles Aufgehen eines Gesunden in einen Kranken gesehen, wie in diesem Fall, weder unter Ehegatten, noch selbst bei Müttern, die sich um ihre Kinder bangten. Die gesunde Freundin war keine angenehme Mitbürgerin, sie hatte viel Rücksichtsloses und Eigenwilliges, wer aber diese wahrhaft ergreifende Liebe und Sorgfalt sah, dieses unablässige Bemühen bei Tage und bei Nacht, hielt ihr um dieses starken und schönen Gefühls willen vieles zugute. Sie war mit ihrer Freundin tatsächlich wie verwachsen; berührte man ein schmerzhaftes Glied der Kranken, so zuckte sie reflektorisch zusammen, jedes Unbehagen der Leidenden spiegelte sich in ihrem Gesicht wieder, mangelhafter Schlaf und schlechter Appetit übertrugen sich auf die gesunde Freundin. Der Fall war übrigens auch dadurch bemerkenswert, daß auch das Personal der Patientin, sowohl die Krankenschwester, wie das Dienstmädchen, einwandfrei urnisch waren.

Unweit diesem Paare lebte ein anderes. Er war Referendar, sein etwa 18jähriger Freund Damenschneider. Dieser war so feminin, daß ich dem Referendar einmal bemerkte, so gut wie in dieses Neunzehntel-Weib hätte er sich doch auch in ein ganzes Weib verlieben können. Unter anderem war seine Stimme so weiblich, daß, wenn er telephonisch nach mir verlangte, was im Interesse seines Freundes einige Male vorkam, mein Sekretär stets meldete: »Eine Dame wünscht Sie zu sprechen.« Beide lebten in großer Harmonie, tags ging jeder seinem Berufe nach, der eine auf das Gericht, der andere in die Schneiderwerkstatt. Als der Referendar Berlin verließ, nahm er den Freund mit sich. Dieser hatte zuvor seinen Vater, einen biederen Berliner Handwerker, um eine aufklärende Unterredung gebeten, bei der, wie er mir schamhaft erzählte, das Zimmer verdunkelt werden mußte. Der Vater war gar nicht verwundert, er habe schon längst ähnliches vermutet, und erklärte sich mit allem einverstanden.

Der kleine Damenschneider hatte einen Arbeitskollegen, der nicht minder mädchenhaft war, wie er selbst. Ihr Beruf ist mehr wie irgendein anderer in Berlin von urnischen Elementen durchsetzt. Dieser Kollege verliebte sich in den Bruder des Referendars, einen Ingenieur, der kurz vorher wegen unglücklicher Liebe zu einem Studenten einen ernsthaften Selbstmordversuch unternommen hatte. Als er schwer verletzt im Krankenhaus lag, hatten sich die beiden gleichveranlagten Brüder, die bis dahin nichts von einander wußten, zu erkennen gegeben. Allmählich entwickelte sich nun zwischen dem Ingenieur und dem anderen Damenschneider ein zweites Liebesbündnis, und es entbehrte nicht einer gewissen Drolligkeit, wenn die beiden schön und stark gewachsenen Brüder mit ihren Schneiderlein Willi und Hans – nicht viel anders wie andere mit ihren Putzmacherinnen – am Sonntag den Grunewald durchstreiften.

Daß sich die Eltern mit der urnischen Natur, ja sogar mit dem homosexuellen Leben ihrer Kinder abfinden, ist in Berlin durchaus nichts Seltenes.

Vor kurzem wohnte ich auf einem Berliner Vorortkirchhof der Beerdigung eines alten Arztes bei. Am offenen Grabe standen der einzige Sohn des Verstorbenen, zur Rechten die bejahrte Mutter, an der anderen Seite der zwanzigjährige Freund, alle drei in tiefster Trauer. Als der Vater, bereits über 70 Jahre alt, vom Uranismus seines Sohnes hörte, war er der Verzweiflung nahe, er suchte mehrere Irrenärzte auf, die ihm mancherlei raten, aber nicht helfen konnten. Dann vertiefte er sich selbst in die Literatur über den Gegenstand und erkannte mehr und mehr, daß sein Sohn, den er über alles liebte, von Geburt an homosexuell gewesen war. Bei seiner Niederlassung hatte er nichts dagegen, daß er den Freund zu sich nahm, ja die guten Eltern übertrugen ihre volle Liebe auf den jungen Mann, der aus einfachstem Stande hervorgegangen war. Beide hatten auf einander sichtlich einen guten Einfluß; während sie einzeln nur schwer imstande gewesen wären, vorwärts zu kommen, gelang es ihnen zu zweit vortrefflich, indem das Wissen und die Liebenswürdigkeit des einen in der Energie und Sparsamkeit des anderen ihre Ergänzung fanden.

Auf dem Sterbelager nahm der alte Doktor von seiner Frau und seinen »beiden Jungen« Abschied, und der Anblick dieser drei Menschenkinder, wie sie unter den Klängen des Mendelsohnschen Liedes: »Es ist bestimmt in Gottes Rat« ihre Tränen und Trauer vereinigten, griff ungleich tiefer in die Seele, als die Rede des jungen Pfarrers, der in schrillem Tonfall die Taten des ihm gänzlich unbekannten Toten pries.

Nicht vereinzelt kommt es in Berlin vor, daß urnische Junggesellen sich bei den Familien ihrer Freunde einmieten und dort wie Angehörige des Hauses angesehen werden. Es gibt Mütter, selbst wissende, die oft in überschwenglicher Weise das Glück preisen, daß ihr Sohn einen so großartigen Freund, ihre Tochter eine so ausgezeichnete Freundin gefunden; diese Freundschaft sei ihnen viel lieber, als wenn sich ihr Sohn mit Mädchen herumtreibe, ihre Tochter sich von Männern den Hof machen ließe. Verstieg sich doch einmal eine Mutter, die mich wegen eines geschlechtlich infizierten Sohnes aufsuchte, zu dem merkwürdigen Ausspruch: »Ich wünschte, mein zweiter Sohn wäre auch homosexuell.« Manchmal liebt der Freund den Sohn des Hauses und wird von der Tochter geliebt, wie überhaupt zwischen den verschiedenen normalsexuellen und homosexuellen Personen desselben Kreises hie und da ganz sonderbare Verwicklungen vorkommen. Für den Psychologen und Schriftsteller, welcher das urnische Moment in den Beziehungen der Menschen untereinander zu erkennen weiß, erweitern sich dadurch die der Beachtung und Darstellung würdigen Konflikte in ungeahnter Weise.

Ich kannte in Berlin einen Uranier, der die Schwester eines Jünglings heiratete, nur um mit dem Bruder oft und unauffällig zusammen sein zu können. Die Ehe, welche in Wirklichkeit keine war, ging nach einigen Jahren auseinander, nachdem der normalsexuelle Bruder seinen Schwager – nicht etwa im Bösen, sondern im Guten – um sein ganzes beträchtliches Vermögen gebracht hatte.

Ein anderer Homosexueller liebte einen Mann, welcher mit einem Mädchen ein inniges Liebesverhältnis anknüpfte. Der Urning war auf das Mädchen sehr eifersüchtig, und auch diese war auf den Freund, der ihren Geliebten so viel in Anspruch nahm, nicht gut zu sprechen. Der Mann aber hielt auch dem Mädchen nicht die Treue und bereitete ihr ebenso wie dem Freunde durch seine leichtsinnigen Streiche vielen Kummer. Beide kannten sich nicht persönlich. Eines Morgens aber kam das Mädchen zu dem Urning, um ihm mitzuteilen, daß dem Freunde während der Nacht ein schwerer Unfall zugestoßen sei. Die gemeinsame Sorge machte sie allmählich zu Freunden. Da entzweite sich der Mann und sein Mädchen, sie war bitterböse und schien unversöhnlich, er aber hielt es vor Sehnsucht nicht aus, es trieb ihn immer wieder zu ihr, sie aber wies ihm die Türe. Schließlich wandte er sich hilfeflehend an seinen urnischen Freund, und dieser, der sich schon im Stillen gefreut hatte, daß das so quälende Liebesverhältnis zu Ende sei, ging zu dem Mädchen und versöhnte beide.

Solche und ähnliche Fälle könnte ich aus der lebendigen Quelle des Berliner Lebens in großer Zahl berichten – doch wir wollen jetzt von dem Leben und Leiden einzelner Urninge zu dem Leben und Treiben urnischer Gruppen übergehen.

Denn wenn auch viele Uranier in selbstgewählter Einsamkeit leben, die nirgends so erreichbar ist, wie in weltstädtischer Menschenfülle, andere wiederum sich ausschließlich einer einzigen Person widmen, so ist doch die Zahl derer nicht minder groß, welche mit anderen homosexuellen Personen und Kreisen Fühlung suchen, und auch hier bietet sich in Berlin überreichliche Gelegenheit.

Es ist recht bedauerlich, daß sich manche Urninge, die durch ihr Wesen und Wissen jedem Kreise zur Ehre gereichen würden, schließlich in normalen Gesellschaften überhaupt nicht mehr wohl fühlen. Die erheuchelten Komplimente und Interessen, die ihnen besonders häufig zuerteilten Damentoaste, werden ihnen immer peinlicher, und wenn sie einmal die Geselligkeit kennen gelernt haben, in der sie sich frei geben können und Verständnis finden, ziehen sie sich aus anderen Kreisen mehr und mehr zurück.

Das gesellige Leben der Urninge untereinander pulsiert in Berlin in mannigfacher Gestaltung, sowohl in geschlossenen, als auch in allgemein zugänglichen Zirkeln ungemein lebhaft. Größere und kleinere Gesellschaften von Homosexuellen für Homosexuelle sind zu jeder Jahreszeit, namentlich aber im Winter, an der Tagesordnung.

Vielfach beschränken sich dieselben auf eine bestimmte soziale Schicht, auf gewisse Stände und Klassen, doch werden die Grenzen schon um der Freunde willen bei weitem nicht so streng innegehalten, wie dies bei Normalsexuellen üblich ist. Mancher Urning würde nichts so übelnehmen, als wenn man seinem Freunde, und sei er noch so einfachen Herkommens, die gesellschaftliche Ebenbürtigkeit absprechen würde.

Ich werde in Anerkennung meiner Arbeit für die Befreiung der Homosexuellen oft ersucht, Gesellschaften gleichsam als Ehrengast beizuwohnen, und wenn ich auch nur einen kleinen Teil dieser Aufforderungen annehme, so haben sie mir doch einen genügenden Einblick in das gesellige Leben der Berliner Urninge verschafft.

Einmal war ich in besagter Eigenschaft auf einer Gesellschaft unter lauter homosexuellen Prinzen, Grafen und Baronen. Außer der Dienerschaft, die nicht nur in Bezug auf die Zahl, sondern auch in Hinsicht auf ihr Äußeres besonders sorgfältig ausgewählt schien, unterschied sich die Gesellschaft in ihrem Eindruck wohl kaum von Herrengesellschaften derselben Schicht. Während man an kleinen Tischen sehr opulent speiste, unterhielt man sich anfangs lebhaft über die letzten Aufführungen Wagner'scher Werke, für welche fast alle gebildeten Urninge eine auffallend starke Sympathie hegen. Dann sprach man von Reisen und Literatur, fast gar nicht über Politik, um allmählich zum Hofklatsch überzugehen. Sehr eingehend verweilte man beim letzten Hofball, auf dem das Erscheinen des jungen Herzogs von X. viele Urningherzen hatte höher schlagen lassen, man schwärmte von seiner blauen Uniform, von seiner bestrickenden Liebenswürdigkeit und berichtete, wie man es erreicht hätte, seiner königlichen Hoheit vorgestellt zu werden. Dann erzählte man sich Anekdoten über abwesende Urninge der Hofgesellschaft, von denen mir eine, die besonders herzhaft belacht wurde, im Gedächtnis geblieben ist. Ein Fürst war kurz zuvor bei einem homosexuellen Magnaten, von dessen urnischer Natur er so wenig eine Ahnung hatte, wie von der anderer Herren seiner Umgebung, zur Jagd geladen. Der hohe Gast war des Morgens unerwartet früh aufgestanden, um sich im Schloßgarten zu ergehen. Als er den Korridor kreuzte, erblickte er seinen Gastgeber, der zu so zeitiger Stunde nicht auf diese Begegnung vorbereitet war, in einem höchst sonderbaren Anzuge oder besser Aufzuge; der allseitig sehr abgerundete Gutsherr trug eine rotsamtene, mit Blumen und Spitzen reichbesetzte Matinée. Der Anblick dieser Gewandung war so komisch, daß der fürstliche Besucher in einen förmlichen Lachkrampf verfiel.

Eine andere Gesellschaft, der ich beiwohnte, fand in den Sälen eines der vornehmsten Berliner Hotels statt. Ein wohlhabender Uranier feierte sein Namensfest. Es waren mit geringer Ausnahme nur Freundespaare zugegen, von denen die meisten schon seit Jahren zusammenlebten; jeder führte sein »Verhältnis« zu Tisch. Dem Festmahl ging im Nebensaal auf einer aufgeschlagenen Bühne eine Theatervorstellung voraus, bei der ausschließlich Homosexuelle mitwirkten. Nach einigen Soloscherzen trug der Gastgeber vortrefflich in Maske und Spiel eine Szene als Falstaff aus den Lustigen Weibern von Windsor vor, dann gab man Nestroys Wiener Posse: »Eine Vorlesung bei der Hausmeisterin«. Alle weiblichen Rollen, an denen es in diesem Stücke nicht fehlt, lagen in den Händen femininer Urninge, namentlich erregte ein bekannter Baron in der Titelrolle durch seine natürliche Darstellungsweise stürmische Heiterkeit. Nach dem Diner folgte Tanz, und trotzdem die Weine reichlich flossen, geschah nichts Indezentes. Da einige Gäste in Damentoilette waren, machte man sich den harmlosen Spaß, Urningen, die sich besonders männlich vorkamen, weibliche Kleidungstücke, wie Hüte und Schals, anzulegen; manche machten gute Miene zum bösen Spiel, andere aber wurden recht verdrießlich, denn man findet Urninge, denen alles, was zum Weibe gehört, so wenig zusagt, daß ihnen der Gedanke, selbst Weibliches an sich zu haben, unerträglich ist.

Auch in minder bemittelten Urningskreisen sind Gesellschaften in Berlin sehr beliebt und verbreitet. Ich greife auch hier ein Beispiel aus der Erinnerung heraus. Ein mit Glücksgütern nicht sehr gesegneter Homosexueller beging seinen Geburtstag. In einer kleinen Vorortskneipe hatten sich die Geladenen, darunter seine zwei normalsexuellen Brüder, eingefunden. Man tat sich an Bockwürsten, Kartoffelsalat und Schweizerkäse gütlich, während der Sohn des Wirtes die Gassenhauer des Tages auf dem Klavier zum besten gab. Dann trat »Schwanhilde«, auch »Herr Schwan geborene Hilde« genannt, ein bekannter Berliner Urning, auf. Er stellt eine Berliner Köchin, welche zum Theater gehen wollte, dar und wirkte besonders belustigend, als er zum Schluß die Barfußtänzerin Isadora Duncan parodierte. Ein Damenimitator niedrigster Gattung, der zufällig im Vorraum der Wirtschaft saß, wurde gebeten, sein Repertoire vorzutragen. Dazwischen trat ein echter Mann auf, ein Kohlenhändler vom Landwehrkanal, ein »schwerer Junge«, mit tätowierten Armen, glattangelegtem Scheitel, gestricktem Sweater und jener eigentümlichen Mischung von Plumpheit und Grazie, wie sie den Arbeitern dieser Gattung eigen zu sein pflegt. Er sang eine große Reihe nicht eben dezenter Lieder im Berliner Volkston, ohne eine Spur von Stimme, mit vielen Sprachfehlern, jeden Satz unterstützt von grotesken Bewegungen, denen zwischen den Versen Drehungen des Körpers folgten, alles in seiner Ungeschicklichkeit so zusammenpassend, daß es nicht ohne Wirksamkeit war. Allmählich rückte man Tische und Stühle beiseite und ging zum Tanze über, bei dem sich eine Episode von schwer wiederzugebender Situationskomik ereignete. Als man mitten im Tanzen war, trat plötzlich – die Polizeistunde war längst überschritten – ein Schutzmann mit strenger Amtsmiene ein. Nur einen Augenblick stockte die fröhliche Stimmung, dann faßte einer der Anwesenden – ein urnischer Musiker – den Schutzmann rasch entschlossen um die Taille und walzte mit ihm los. Dieser war so verblüfft, daß er kaum Widerstand entgegensetzte, eifrig mittanzte und sich bald mit dem Wirtssohn und dem Kohlenträger in die Rolle des begehrtesten und aufgefordertsten Tänzers teilte.

Es gibt natürlich auch viele urnische Gesellschaften, die einen ungleich ernsteren Charakter tragen. So sammelte ein alter Berliner Privatgelehrter jeden Winter mehrere Male einen kleinen Kreis um sich in seinem künstlerisch ausgestatteten Heim. Es waren meist zehn bis zwölf Herren aus akademischen Ständen zugegen, von denen nur zwei bis drei nicht homosexuell waren. Der Alte, welcher seine Gäste mit schweren Südweinen, Austern, Hummern und ähnlichen Leckerbissen bewirtete, hatte noch Alexander von Humboldt und Iffland gekannt, war mit Hermann Hendrichs und Karl Ulrichs befreundet gewesen und schien unerschöpflich in der Wiedergabe seiner Erinnerungen. Die Gespräche berührten fast ausschließlich das homosexuelle Problem. Da debattierte ein jüngerer katholischer Geistlicher mit einem schon ergrauten evangelischen Pfarrer über Uranismus und Christentum; mehrere Philologen stritten sich über Shakespeares Sonette, während die Juristen und Mediziner die Frage erörterten, inwieweit sich der § 51 des R.-St.-G.-B., welcher von dem Ausschluß der freien Willensbestimmung handelt, schon jetzt zu Gunsten der Homosexuellen verwenden ließe.

Den ernstesten Charakter unter den Gesellschaften der Berliner Urninge tragen die am Weihnachtsheiligabend veranstalteten Zusammenkünfte. Mehr als an jedem anderen Tage fühlt an diesem Feste des Familienglücks der urnische Junggeselle sein einsames Los. Viele würden den Abend noch trauriger verleben, wenn unter den wohlhabenden Homosexuellen nicht stets einer oder der andere wäre, der die Heim- und Heimatlosen um sich sammelte.

Ich greife auch hier ein Bild aus der Großstadt heraus.

Schon am Tage vor dem Fest hatte der Hausherr den Weihnachtsbaum, eine große Silbertanne, selbst geschmückt; alles Bunte wurde vermieden, zwischen den weißen Wachskerzen sind Silbergirlanden, Eiszapfen, Schneeflocken, Glaskugeln und Engelhaar, das sich wie Spinngewebe von Ast zu Ast zieht, geschmackvoll angebracht, und hoch am Wipfel ist ein großer Silberstern befestigt, auf dem ein Posaunen-Engel im lichten Tüllgewand »Friede den Menschen auf Erden« verkündigt. Dann wurden die kleinen Geschenke fein säuberlich in Seidenpapier geschlagen und um den Baum herumgelegt, für jeden etwas: ein Kalender, ein Buch, ein kleiner Schmuckgegenstand, wohl gar ein Kettenring, ein Taschenspiegel, eine Schnurrbartbinde. In der Frühe des Vierundzwanzigsten hat der Hausherr das große Tischtuch von feinstem Leinen aus dem Schranke hervorgeholt, mit dem Diener die Tafel gedeckt, das Silber verteilt, die Servietten gefaltet, mächtige Obstschalen gefüllt, jeden Teller mit einem Blumensträußchen versehen und vor den Kristallgläsern zierliche Tischkarten gelegt. Dabei kommt man manchmal bei diesem oder jenem der Eingeladenen in nicht geringe Verlegenheit, wenn man sich seines wirklichen Namens nicht entsinnen kann. Man hat sich das ganze Jahr mit einem weiblichen Spitznamen angeredet, von dem man aber an diesem Abend gern Abstand nehmen möchte.

Noch eine zweite Tafel wird im Korridor gedeckt, dort sollen die Kinder und das Dienstpersonal ihr Weihnachtsmahl einnehmen – jawohl die Kinder – ein seltener Anblick im Urningsheim. Man hat nämlich zur Bescherung die zwei Kleinen der Waschfrau und die drei Enkel des Portiers geladen. Es wird Wert darauf gelegt, daß am Nebentisch dieselben Gerichte wie an der Haupttafel genossen werden und daß auch hier alles recht feierlich aussieht.

Der Beginn ist erst auf 8 Uhr festgesetzt, da einige vorher in einem verwandten oder befreundeten Hause der Bescherung angewohnt haben, ehe sie in den Kreis ihrer Freunde kommen. Endlich, als alle eingetroffen, verschwindet der Hausherr in den bis dahin verschlossenen Salon, zündet die Kerzen an, wirft noch einen Blick auf die Geschenke und ruft zunächst die Kinder und jenen Gast herein, der ihre Weihnachtslieder am Klavier begleiten soll. Nun werden die Doppeltüren geöffnet, und hell tönen die Kindergesänge von der stillen, heiligen Nacht und der seligen, fröhlichen Weihnachtszeit.

Tiefer Ernst liegt auch auf allen Zügen, in manchem Auge blinkt eine Träne, selbst die »lange Emilie«, der sonst immer lustige Damenkonfektionär, kann seine Rührung nicht bemeistern. Weit, weit zurück ziehen die Gedanken der Uranier in jene Zeiten, in denen ihnen dieser Tag auch ein Familienfest war, als noch nichts gemahnte, daß ihr Geschick sich so ganz anders gestalten würde, wie das der längst verheirateten Geschwister; erst ganz allmählich öffnete sich die Kluft, die sie von den Ihren trennte, dann kamen die langen Jahre, wo sie diesen Abend friedlos und freudlos im Restaurant oder bei »einem guten Buch« im »möblierten Zimmer« verbrachten. Manche gedenken ihrer zerstörten Hoffnungen, was hätten sie leisten können, wenn sich nicht alte Vorurteile ihrer Laufbahn hindernd in den Weg gestellt hätten, und andere in angesehenen Stellungen gedenken der schwer auf ihnen lastenden Lebenslüge! Viele gedenken der Eltern, die tot oder für die sie tot sind, und alle in inniger Wehmut des Weibes, das sie über alles liebte und das sie über alles liebten – ihrer Mutter.

Jetzt sind die Kinderstimmen verklungen, man reicht sich die kleinen Gaben, beschenkt besonders reichlich die Kinder und die Dienstboten und setzt sich zu Tisch. Die Tafelgespräche sind nicht so fröhlich wie sonst; man spricht von dem guten X., der letztes Jahr noch am heiligen Abend teilnahm, und den nun auch schon die Erde deckt.

Langsam läßt die Spannung nach, der Ton wird etwas heiterer, aber der ernste Unterton bleibt, und über dem ganzen Abend ruht ein Hauch weltschmerzlicher Sentimentalität.

»Ehre sei Gott in der Höhe und Friede den Menschen auf Erden! Wann endlich« – so schrieb mir vor einigen Jahren ein Homosexueller am Weihnachtsheiligabend – »wann endlich wird man erkennen, daß auch zu uns der Erlöser kam, daß auch wir nicht ausgeschlossen sein sollten von seiner gütigen, edlen, barmherzigen, allumfassenden Liebe?«

Es war in der Frühe des letzten Weihnachtsmorgens, als ich zu einem urnischen Studenten im Westen Berlins gerufen wurde, von dem es hieß, daß er in der Nacht einen Tobsuchtsanfall gehabt hätte.

Als ich zu ihm kam, bot sich mir ein furchtbarer Anblick; das ganze Zimmer war erfüllt von Scherben und Möbelstücken, zerrissenen Tüchern, Büchern und Papieren, alles mit Blut, Tinte und Petroleum vermischt. Vor dem Bette befand sich eine große Blutlache, und auf der Bettstatt lag ein junger Mann mit wachsbleichem Gesicht, aus dem seltsam tiefe, flammende Augen hervorleuchteten, schwarze Strähnen umgaben die feingeschnittenen, regelmäßigen Züge. Um Stirn und Arme waren blutdurchtränkte Lappen geschlungen.

Er hatte sich wegen seines Uranismus mit seinem strengen Vater, einem angesehenen Bürger Berlins, überworfen, keiner gewann es über sich, dem andern gute Worte zu geben, und nun war er am Heiligabend, dem ersten, den er fern von der Familie verlebte, herumgeirrt durch die menschenleeren Straßen der Millionenstadt. Von der Gegenseite der Straße hatte er, in einem dunklen Gange sich herumdrückend, die glänzenden Lichter in der Wohnung der Eltern gesehen, das Lachen der jüngeren Geschwister war an sein Ohr gedrungen, und für einige Augenblicke schaute er die Umrisse der Mutter, die während des Kinderjubels sinnend ihre Stirn an die Fensterscheiben lehnte.

Als sie oben die Lichter löschten, war er in die nächste Budike gegangen, hatte an einem abgelegenen Ecktisch ein Schnapsglas nach dem andern geleert, in einer zweiten und dritten Destille das Gleiche getan und in verödeten Kaffeehäusern für schwarzen Kaffee mit Kirsch sein letztes Geld verausgabt.

Nachdem er dann in der kalten Winternacht heimgekehrt und die vier Treppen im Hofe heraufgewankt war, hatte sich seiner ein ungeheurer Erregungszustand bemächtigt. Er hatte alles zertrümmert und die brennende Lampe zerschlagen in der Erwartung, daß er sich aus geöffneten Pulsadern verbluten würde. Ein von den Wirtsleuten eilends herbeigerufener Arzt hatte durch die Türspalte gelugt und rasch ein Attest zur Überführung in die Irrenabteilung der Charité geschrieben.

Ein Freund des Kranken holte mich zu ihm; ich wusch und verband ihm an jenem Weihnachtsvormittag eine Wunde nach der andern; er klagte nicht und sprach kein Wort, aber die flammenden Augen sprachen und die blassen Lippen sprachen und jede einzelne Wunde sprach von seinem tiefen Leide und der hohen, heiligen Aufgabe derer, die an dem Befreiungswerke der Uranier arbeiten. –

Neben den Privatgesellschaften, Diners, Soupers, Kaffees, 5 Uhr Tees, Picknicks, Hausbällen und Sommerfesten, die die Berliner Homosexuellen in nicht geringer Menge veranstalten, sind die Jours fixes zu erwähnen, von denen jeden Winter einige von Urningen und Uranierinnen für ihre Freunde und Freundinnen eingerichtet werden.

Sehr bekannt war jahrelang der Sonntag-Nachmittags-Empfang bei einem urnischen Kammerherrn, auf dem viele Personen von Rang und Stand erschienen. Die leibliche Bewirtung besteht hier meist in Tee und Gebäck, die geistige in musikalischen Darbietungen.

Letzten Winter war es besonders der Jour fixe eines urnischen Künstlers, der sich großer Beliebtheit erfreute. Der überaus gastfreundliche Wirt empfing seine Gäste, unter denen sich viele homosexuelle Ausländer, namentlich aus den russischen Ostseeprovinzen und den skandinavischen Ländern, sowie auch oft homosexuelle Damen befanden, in einer Art Zwischenstufengewand, einem Mittelding zwischen Prinzeßrobe und Amtsrobe.

Die Musikvorträge, zumal die Gesänge des Hausherrn in Bariton und Alt und das Klavierspiel eines dänischen Pianisten standen künstlerisch auf der Höhe. Man sah dort regelmäßig einen österreichischen Studenten der Chemie, der stets schweigsam und ernst dasaß, sich aber sichtlich unter seinesgleichen wohl fühlte, da er immer wiederkam. Im Frühjahr, als die Zusammenkünfte zu Ende waren und der Russe Berlin verließ, ging jener Student eines Abends in eine Urningskneipe und ließ sich vom Klavierspieler Koschats »Verlassen« spielen; als die melancholische Weise erklang, nahm er unbemerkt ein Stückchen Zyankali, das ihn in wenigen Sekunden leblos zu Boden streckte. »Selbstmord aus unbekannten Gründen« verzeichnete der Polizeibericht, in Wirklichkeit der Selbstmord eines Homosexuellen, wie er sich in Berlin nur allzu oft ereignet.

Nicht immer ist die Homosexualität die direkte Ursache, aber fast stets ist der indirekte Zusammenhang zwischen der Homosexualität und dem gewaltsamen Ende leicht nachweisbar. Da ist ein urnischer Offizier, im Kadettenkorps erzogen, mit Leib und Seele Soldat, er hatte sich außerdienstlich eine homosexuelle Handlung zuschulden kommen lassen, sie wurde lautbar, und ein schlichter Abschied war die Folge. Er hat nichts anderes gelernt, als sein Kriegshandwerk, nun sucht er kaufmännische Stellungen, sucht, findet und verliert eine nach der andern, die Familie will nichts mehr von ihm wissen, er steht allein, verliert jeden Halt, sinkt immer tiefer, greift zum Alkohol, zum Morphium und endlich zur erlösenden Waffe.

So kenne ich viele Tragödien; erst vor wenigen Wochen endete ein früherer Leutnant auf diese Weise. »Ursache: Schulden«, schrieben die Zeitungen; jawohl, Schulden, aber die Grundursache lag tiefer, es war der Verlauf, wie ich ihn soeben schilderte; – an der Homosexualität war er zugrunde gegangen.

Vor einigen Tagen nahm ich einem homosexuellen Lehrer, der mich aufsuchte, ein Fläschchen Blausäure fort. Er hatte keine strafbare Handlung begangen, sich nie gleichgeschlechtlich betätigt; er war eben erst in den Schuldienst getreten, als dem Direktor ein anonymes Schreiben zugegangen war, der neue Lehrer sei ein Päderast; der Chef ließ ihn kommen, und auf Befragen gab er zu, homosexuell veranlagt zu sein. Man gab ihm den wohlmeinenden Rat, auf seine Entlassung anzutragen, er tat es, fand aber nicht den Mut, es seiner alten Mutter zu sagen, die gedarbt hatte, damit er Lehrer werden könne. Nun irrte auch er nach Stellung umher in dem großen Berlin, in dem es so viele Stellen, aber so viel mehr Stellenlose gibt.

Es sind gewiß mehr als zwanzig Homosexuelle, die ich im Laufe der letzten acht Jahre vor dem Selbstmord bewahren konnte; ob ich ihnen einen guten Dienst erwies, ich weiß es nicht, und doch erfüllt es mich mit stiller Freude, daß ich ihnen das Leben und sie dem Leben erhalten konnte. –

Einen den geschilderten Jourfixen ähnlichen, wenn auch schon mehr vereinsartigen Charakter tragen die regelmäßigen Zusammenkünfte, wie sie von Homosexuellen an bestimmten Abenden in bestimmten Lokalen veranstaltet werden; auch hier ist es gewöhnlich eine Person, um die sich die anderen gruppieren, nur bewirtet sich jeder aus eigenen Mitteln. Vielbesucht war lange Jahre der Klub »Lohengrin«, welcher sich um einen unter dem Namen »Die Königin« bekannten Weinhändler zusammenfand. Während hier die Unterhaltung in musikalischen und deklamatorischen Darbietungen bestand, tragen manche dieser Vereinigungen, wie die »Gemeinschaft der Eigenen«, die »Platen-Gemeinschaft«, einen mehr literarischen Charakter. Auch ein Kabarett, das von Urningen geleitet und hauptsächlich von diesen besucht wird, gibt es in Berlin.

Auf allen diesen Veranstaltungen tritt die eigentliche Sexualität genau so zurück wie in den entsprechenden normalsexuellen Kreisen. Das Bindemittel ist lediglich das aus der Gemeinschaft der Lebensschicksale sich ergebende Gefühl der Zusammengehörigkeit.

Haben alle die genannten Gesellschaften einen mehr geschlossenen Charakter, so ist die Zahl derer, die allgemein zugänglich sind, noch viel bedeutender. Daß manche Restaurationen, Hotels, Pensionate, Badeanstalten, Vergnügungslokale, trotzdem sie jedermann offen stehen, fast ausschließlich von Urningen besucht werden, wird weniger merkwürdig erscheinen, wenn man bedenkt, daß viel weniger scharf gekennzeichnete Gruppen in Berlin ihre Lokale haben, die fast ganz von ihnen existieren; so gibt es Restaurationen, in denen nur Studenten, nur Schauspieler, nur Artisten verkehren, andere, die nur von Beamten, nur von Kaufleuten bestimmter Waren, von Liebhabern bestimmter Spiele und Sports leben, wieder andere, die nur von Buchmachern, Falschspielern oder irgendeiner Verbrecherkategorie besucht werden.

Man kann Lokalitäten unterscheiden, die von Urningen bevorzugt, aber auch von anderen Personen aufgesucht werden, und solche, die lediglich von jenen frequentiert sind. Zu ersteren gehört ein sehr großes Münchener Bierrestaurant der Friedrichstadt, in dem seit Jahren zu bestimmten Stunden stets an hundert Homosexuelle und mehr zu finden sind. Auch in bestimmte Kaffeehäuser ziehen sich die Urninge mit Vorliebe hin, wobei alle paar Jahre ein Wechsel zu beobachten ist; oft sind es Lokale, wo der Wirt oder ein Kellner selbst urnisch sind, meist werden bestimmte Abteilungen der Wirtschaften besonders bevorzugt. Die urnischen Damen treffen sich vielfach in Konditoreien; so befindet sich im Norden der Stadt eine, die täglich zwischen 4 und 6 Uhr nachmittags von urnischen Israelitinnen zahlreich besucht wird, welche hier Kaffee trinken, plaudern, Zeitungen lesen, Skat und mit Vorliebe Schach spielen.

Im Sommer sind es stets gewisse Gartenlokale, in denen sich die Urninge in großer Zahl einfinden, während sie andere, wenigstens in Gruppen, meiden. In einigen dieser Konzertgärten macht sich neben der weiblichen auch die männliche Prostitution bemerkbar.

In einem der vornehmsten Berliner Konzertlokale war vor einigen Sommern das Treiben der Homosexuellen so arg geworden, daß Kriminalbeamte hinbeordert wurden, um dem rücksichtslosen Gebahren, das nicht schwer genug gerügt werden kann, ein Ende zu bereiten.

Es muß der Berliner Polizei zu ihrem Lobe nachgesagt werden, daß *agents provocateurs* bei ihr außerordentlich selten sind. Es wäre den Beamten gewiß leicht, Homosexuelle herauszufinden, indem sie sich selbst als homosexuell gerierten; es soll dies in früheren Zeiten auch vorgekommen sein; mir ist nur ein Fall bekannt, und zwar spielte sich dieser in dem erwähnten Konzertlokal ab, in dem ein Urning den ihn beobachtenden Kriminalbeamten für Seinesgleichen hielt, glaubte, daß ihm Avancen gemacht würden, und keinen kleinen Schreck bekam, als er auf seine zärtliche Anrührung hin arretiert, zur Wache gebracht und später dann auch wegen »tätlicher Beleidigung« verurteilt wurde. Neben diesen Lokalen gibt es in Berlin eine ganze Anzahl, die ganz ausschließlich von Urningen besucht werden. Ihre Zahl genau anzugeben, ist sehr schwierig. Medizinalrat Näcke Näcke, P., Dr. Ein Besuch bei den Homosexuellen in Berlin; mit Bemerkungen über Homosexualität. Archiv für Kriminalanthropologie und Kriminalistik. Band XV. 1904. dürfte wohl recht haben, wenn er annimmt, daß in Berlin mehr als zwanzig Urningskneipen vorhanden sind. Immer wieder höre ich gelegentlich in meiner Praxis urnische Restaurationen erwähnen, die mir bis dahin unbekannt waren.

Jede dieser Wirtschaften hat noch ein besonderes Gepräge; in der einen halten sich mehr ältere, in einer anderen mehr jüngere, wieder in einer anderen ältere und jüngere Leute auf. Fast alle sind gut besucht, an Sonnabenden und Sonntagen meist überfüllt. Wirte, Kellner, Klavierspieler, Coupletsänger sind fast ausnahmslos selbst homosexuell.

Man hat Homosexuelle aus der Provinz, die sich zum ersten Male in solchen Lokalen aufhielten, in tiefer seelischer Erschütterung weinen sehen.

In allen diesen Kneipen geht es durchaus anständig zu; hie und da werden sie von der Kriminalpolizei oder deren Geheimagenten kontrolliert, doch hat sich fast nie eine Veranlassung zum polizeilichen Einschreiten ergeben.

Rudolf Presber hat kürzlich in einem Feuilletonartikel unter dem Titel: »Weltstadttypen« eine anschauliche Schilderung einer solchen Urningskneipe entworfen. Er schreibt:

»Die letzte Station dieser interessanten Nachtfahrt machten wir in einem feineren Restaurant. Hier führen keine ausgetretenen klitschigen Stufen hinunter, sondern sauber gescheuerte Treppen hinauf. Bessere Gegend und ein besseres Haus. Die Ausstattung der Räume behaglich, nicht ohne Wärme. Bilder an den Wänden in goldenen Rahmen. Statt des gräßlichen Orchestrions, das kaum in einer der früher gesehenen Kneipen fehlte, neben riesigem Notenpack ein anständiges Klavier. Und davor ein ganz erträglicher Spieler und daneben ein hagerer Jüngling mit sprossendem Bart, mit weiblichen Bewegungen und einem gequält süßen Lächeln, einen breitrandigen Frauenhut mit wehendem Schleier auf dem pomadisierten Kopf. Der Jüngling singt – Sopran … Die beiden Stuben gut mit Gästen gefüllt. Kein schlechtes Publikum, so scheint's. Keiner spuckt auf die Dielen, keiner hat einen Zahnstocher zwischen den Zähnen, keiner säubert sich die Ohren oder kratzt sich die Beine, wie wir's den ganzen Abend über schaudernd genossen. Ein paar würdige alte Herren, ein paar ausrasierte Sportstypen, ein paar Künstler mit gebrannten und gelegten Locken. Dem Harmlosen mag hier zunächst wenig auffallen. Vielleicht nimmt's ihn nur Wunder, daß auch der zweite Sänger – Sopran singt. Vielleicht erstaunt er, daß in keiner der gutgefüllten Stuben ein weibliches Wesen zu sehen ist … Man trinkt mäßig an sauber gedeckten Tischen. Kein unanständiges Wort wird gesprochen, und die Lieder, die gesungen werden, haben keine zotigen Pointen. Eher scheint das Sentimentale dieser andächtig lauschenden Versammlung zuzusagen. Und als einer der Sopransänger, sich in den Hüften wiegend, als schlenkere er niederfließende rauschende Frauenröcke, ein gar schmelzendes Liedchen beendigt, wendet sich ein an unserem Tisch sitzender, vornehm aussehender Greis an einen von uns, tippt ihn mit ganz leichter Vertraulichkeit auf den Arm und fragt bescheiden, aber mit seltsam leuchtenden Augen: ›Gefällt's Ihnen bei uns?‹

Keine Übeltäter hier, keine Verbrecher an der Person, keine Verbrecher am Eigentum. Unglückliche, Entrechtete, die den Fluch eines geheimnisvollen Rätsels der Natur durch ihr einsames Leben schleppen. Menschen, die sich im Kampf des Tages ihre geachtete Stellung erobert haben. Redlich arbeitende, deren Ehrenhaftigkeit niemand anzweifelt, deren Wort und Name seine gute Geltung hat; und die sich doch unter dem Druck eines mittelalterlich grausamen Gesetzesparagraphen scheu und heimlich zusammenfinden müssen, fern von den normalen Glücklichen ihre stets vom Gesetz, von der Verachtung, von der Erpressertücke gefährdeten unbesiegbaren Triebe den Gleichfühlenden einzugestehen.

Im gesunden Herzen ehrliches Mitleid mit diesen Kranken, die eine letzte mittelalterliche Unvernunft den Verbrechern gleichstellt, treten wir hinaus auf die stille Straße. Wolkenlos spannt sich der Sternenhimmel der Julinacht über den mondbeglänzten Dächern. Mit dem riesigen Schlüsselbund rasselnd, schleicht ein Nachtwächter an den lichtlosen Häusern entlang. In einem Torbogen drückt sich ein Liebespaar inbrünstig die Hände. Fern und ferner klingt der Sopran…«

So Presber. – Eine andere Urningskneipe, die wir betreten, besteht aus vier ziemlich großen Zimmern. Es ist schwer, Platz zu finden. Im zweiten und vierten Raum stehen Klaviere, in dem einen trägt »die Engeln« die neuesten Lieder vor, in dem andern wird getanzt, nicht Mann und Weib, sondern Mann und Mann. Sie tanzen mit sichtlicher Hingebung; der weibliche Teil schmiegt sich schmachtend dem männlichen Partner an; die schlechte Musik materialisiert sich förmlich in ihnen; wenn der Klavierspieler abbricht, scheint es, als ob sie aus melodientrunkener Tonseligkeit zu rauher Wirklichkeit erwachen.

Besonders eigenartig sind die Kaffeegesellschaften, wie sie nicht selten in diesen Lokalen stattfinden. Der Wirt, der Coupletsänger oder irgendein Stammgast feiern ihren Geburtstag und haben diesem Fest zu Ehren ihre »Freundinnen« zu sich gebeten. Zur festgesetzten Nachmittagsstunde erscheinen die Gäste, meist Urninge des Handwerker- und Arbeiterstandes. Jeder überreicht dem Geburtstagskinde ein Angebinde, eine selbstgefertigte Handarbeit, eine Probe eigener Kochkunst, ein paar künstliche oder natürliche Blumen. Die Begrüßungen sind sehr lebhaft, zierliche Knickse und Verbeugungen, denen sittsame Freundschaftsküsse auf die Wange folgen. Wie sie sich dann drehen und zieren, sich Schmeicheleien sagen, das Herausziehen der Hutnadel, das Aufraffen des Rockes, das Zurechtziehen der Taille, das Hinlegen der nicht vorhandenen Schleppe markieren, sich dann endlich mit den Worten: »Haben Sie schon gehört, meine Teure« niederlassen, alles das ist von schwer zu schildernder Drolligkeit. Einzelne »Honoratioren«, wie die »Baronin«, die »Direktorin«, die »Chambre separée'sche« werden besonders freudig und respektvoll begrüßt, die Zuspätkommenden mit launigen Scheltworten empfangen. Eine Stunde später, als man »geladen«, sitzt alles bei Tisch und während sich ein Schnattern und Plappern, ein Lachen, Juchzen und Kreischen in so verwirrendem Durcheinander erhebt, daß einem männlichen Gaste angst und bange werden kann, verschwinden mit erstaunlicher Geschwindigkeit Berge von Kuchen und Ströme von Kaffee. Nachdem den Sprech- und Kauwerkzeugen einigermaßen genüge geschehen, werden die mitgebrachten Handarbeiten hervorgeholt, man häkelt, strickt, stickt und näht, zugleich aber tragen die künstlerischen Kräfte, welche in Urningsgesellschaften selten fehlen, mit Gesängen, Deklamationen und Vorträgen zur Unterhaltung bei. Ihren Höhepunkt aber erreicht die Stimmung, wenn das Geburtstagskind unter lautem Beifall aller von einem der Gäste graziös zum Flügel geleitet wird und in wohllautendem Alt mit ebenso viel Sehnsucht als Unwahrscheinlichkeit sein Lieblingslied: »Ach, wenn ich doch ein Räuber war« zum besten gibt. Kein Mißklang trübt das harmlose Treiben weniger flüchtiger Stunden, bis die Abendbrotzeit die muntere Schar wieder in alle Winde verscheucht.

Wer zum erstenmal den Gesprächen in diesen Kneipen lauscht, wird erstaunt sein über die große Zahl weiblicher, oft sehr absonderlicher Namen, die an sein Ohr dringen. Bald wird er gewahr, daß es sich um Spitznamen handelt, welche die Gäste sich untereinander beilegen. Die Gründe dieser verbreiteten Sitte sind verschiedene; einmal verschweigen die meisten Personen, die sich hier einfinden, begreiflicherweise ihre wahren Namen, so daß die anderen, im Bedürfnis, sich über sie zu unterhalten, zu selbstgewählten Bezeichnungen greifen, außerdem fühlt man instinktiv, daß die Anrede »Herr Soundso« bei vielen, keineswegs bei allen, in so starkem Gegensatz zu ihrem femininen Wesen steht, und endlich bietet sich in der Wahl dieser Necknamen eine gute Gelegenheit, den ja auch gerade im Berliner tief wurzelnden Drang nach Scherz und Humor zu befriedigen. In vielen, namentlich virileren Urningskreisen ist der Gebrauch derartiger weiblicher Spitznamen übrigens verpönt.

Viele dieser Namen sind lediglich weibliche Umgestaltung der entsprechenden männlichen Vornamen; so wird aus Paul Paula, aus Fritz Frieda, aus Erich Erika, aus Georg Georgette, aus Theodor Dorchen oder Thea, aus Otto Ottilie oder auch Otéro. In einem Berliner Urningsliede, in welchem geschildert wird, wie eine Mutter auf die Nachricht, ihr Sohn sei »pervers«, in großer Besorgnis zu ihm eilt, und dieser sie beruhigt, indem er ihr als Zeugnis seiner Normalität die an ihn gerichteten Liebesbriefe vorzeigt, welche die Unterschrift »Luise« tragen, heißt es am Schlusse:

Beim Abschiedskuß an meiner Tür,

Da dachte ich dann still bei mir:

Wie gut, liebe Mutter, daß Du nicht weißt,

Daß meine Luise – Ludwig heißt.

Oft sind diese weiblichen Namen noch mit Unterscheidungszusätzen verbunden; so gibt es eine Näsenjuste, eine Schmalzjuste, eine Klammerjuste, Klamottenjuste, Handschuhjuste und Blumenjuste, eine Lange-Anna, Ballhausanna und Blaueplüschanna, eine Hundelotte und eine Quietschlotte, eine Spitzenkaroline und eine Umsturzkaroline (weil er durch seine lebhaften Armbewegungen jeden Abend mindestens ein Glas Bier »umstürzen« soll), eine Butterriecke, eine Käseklara, eine Lausepaula, eine Harfenjule und eine Totenkopfmarie.

Viele Urninge erhalten altdeutsche Beinamen, wie Hildegarde, Kunigunde, Thusnelda, Schwanhilde und Adelheid, oder klangvolle Adelsnamen, wie Wally von Trauten, Berta von Brunneck, Asta von Schönermark oder noch hochtönender; so findet man in diesen Kneipen neben der Markgräfin, der Landgräfin, der Burggräfin und der Kurfürstin (weil sie in der Markgrafen-, Landgrafen-, Burggrafen- und Kurfürstenstraße wohnen) die Marquise de la place d'Alexandre (wohnt am Alexanderplatz), die Herzogin von Aschaffenburg, die Herzogin d'Angoulème, die Großfürstin Olga, die Königin Natalie, die Carmen Sylva, die Kaffeekönigin, die Polenkönigin, die Oberstallmeisterin, die Excellenzfrau, die Kaiserin Messalina und die Kaiserin Katharina.

Manche führen ihre Namen von ihrem Beruf; so wird ein urnischer Ballettänzer »Jettchen Hebezeh«, ein Damenschneider »Jenny Fischbein« und ein Damenkomiker »Pokahuntas, die hinterindische Nachtigall« genannt.

Ich bemerke, daß sämtliche hier angeführten Spitznamen von zwei Gewährsmännern innerhalb kurzer Zeit in einem einzigen Berliner Urningslokal gesammelt wurden. Von Beinamen, die der Zoologie entstammten, fanden sie unter anderen: die »Schweizerkuh«, das »Meerschweinchen«, die »Gipskatze« (weil er sich stark pudert), »die Krückente«, »die Ententrittsche« (weil er beim Gehen »watschelt«), »die schwarze Henne«, »die Nebelkrähe«, »die Spitzmaus«, »die Brillenschlange« und »die Kreuzspinne«; von botanischen Bezeichnungen: »das Blauveilchen«, »das Apfelröschen«, »das Resedaköpfchen«, »Paprika« (auch »Papp-Rieka« genannt), »die Rosine« und »die Weintraube« (weil er so leicht gerührt ist).

Mit großer Vorliebe wird den Titeln oder hervorstechenden Eigenschaften ein »in« oder »sche« oft in sehr origineller Weise angehängt; der Direktor wird zur »Direktorin«, der Geheimrat zur »Geheimrätin«, ein Rechtsanwalt heißt die »Anwaltsche«, ein vornehmer Urning, der mit seinen Freunden häufig im Chambre séparée speisen soll, heißt die »Chambreseparéesche«, ein anderer, der viel das Sonnenbad besucht, die »Lichtluftbadsche«, während ein Klavierspieler »die Klaviersche«, einer der sich stark schminkt »die Zinnobersche« und ein Elektrotechniker kurzweg »die Elektrische« genannt wird.

Eine Gruppe für sich bilden die »Soldatentanten«, welche vielfach ihre Spitznamen nach denjenigen Truppenteilen bekommen, für die sie sich besonders interessieren; so gibt es eine »Ulanenjuste«, eine »Dragonerbraut«, eine »Kürassieranna«, eine »Kanoniersche«, ja sogar eine »Schießschulsche«, der seinen Namen davon führt, weil er mit Vorliebe die Wirtschaften in der Umgegend der Schießschule aufsucht.

Von anderen Berliner Spitznamen, die weniger leicht zu rubrizieren sind, erwähne ich noch: »Minehaha, das lächelnde Wasser«, »Rebekka, die Mutter der Kompanie«, »Anita mit dem Giftzahn«, »Cleo die Marode«, »Traudchen Hundgeburt«, »die heilige Beryllis«, »die Genossin meiner Schmach«, »die freie Schweizerin«, die »gute Partie«, »die hohe Frau«, »die Rollmopstante«, »Susanne in der Wanne«, »die weiße Wand« (pudert sich stark), »Rotundelein«, »Locusblume« (Namen zweier Urninge, denen man nachsagt, daß sie öfter als notwendig, die Bedürfnisanstalten aufsuchen), »das Waldmensch«, »die Mutter Wolffen«, »Violetta«, »Aurora«, »Melitta«, »Rosaura«, »Kassandra«, »Goulasch«, »die Ahnfrau«, »die Grabesbraut«, »der Abendstern« und »die Morgenstunde«, weil er Gold im Munde, nämlich mit Goldplomben versehene Zähne hat.

Auch die Uranierinnen führen in ihren Kreisen, besonders auch in ihren Lokalen, deren es ebenfalls eine Reihe gibt, analoge Namen. Nur findet man bei ihnen im Gegensatz zu den Männern meist einfache Vornamen, selten Beinamen, die sich auf irgendeine besondere Eigenschaft ihrer Trägerin beziehen; bevorzugt werden einsilbige Namen, wie Fritz, Heinz, Max, Franz, namentlich Hans; doch findet man auch solche, die Arthur, Edmund, Theo, Oskar, Roderich, Rudolf genannt werden.

Merkwürdig viele Namen von Uranierinnen sind der Geschichte und Literatur entnommen; ich nenne von Berlinerinnen: Napoleon, Nero, Cäsar, Heliogabal, Caligula, Antinous, Gregor, Carlos, Posa, Mortimer, Götz, Tasso, Egmont, Armin, Teja, Blücher, Ofterdingen, Karl Moor, Franz Lerse, Jörn Uhl, Don Juan, Puck und Hiddigeigei.

Weniger schöne Spitznamen weiblicher Urninge sind Bubi, Rollmops, Kümmelfritze und Schinkenemil.

Besondere Berücksichtigung verdienen unter den Berliner Urningslokalen die »Soldatenkneipen«, welche, meist in der Nähe der Kasernen gelegen, in den Stunden vom Feierabend bis zum Zapfenstreich am besuchtesten sind. Um diese Zeit sieht man in diesen Wirtschaften meist gegen 50 Soldaten, darunter auch Unteroffiziere, die hingekommen sind, um sich einen Homosexuellen zu suchen, der sie freihält, und selten kehrt jemand in die Kaserne zurück, ohne das Gewünschte gefunden zu haben. Diese Lokale sind meist von kurzem Bestand. Fast immer werden sie dem Militär nach kurzer Zeit durch Regimentsbefehl verboten, nachdem irgend ein Unbekannter, gewöhnlich aus Brotneid oder Rachsucht, »gepfiffen« hat. Es tun sich dann stets bald wieder ein oder zwei, auch mehrere ähnliche Lokale in derselben Gegend auf. Erst vor kurzem flog wieder im Südwesten der Stadt eine typische Soldatenkneipe auf, die »Zur Katzenmutter« genannt wurde; ich weiß nicht, ob der sonderbare Name von der alten Wirtin herrührte, in deren schleichendem Gang und rundem, schnurrbartgeziertem Gesicht etwas unverkennbar Katzenartiges lag, oder von den Katern und Katzen, die zwischen Tischen und Stühlen herumsprangen und deren Bildnisse die Wände des seltsamen Lokals schmückten.

Würde ein Normalsexueller derartige Lokale betreten, er würde sich vielleicht wundern, daß dort so viele fein gekleidete Herren mit Soldaten sitzen, im übrigen aber wohl kaum jemals etwas Anstößiges finden. Die hier bei Bockwurst mit Salat und Bier geschlossenen Freundschaften zwischen Homosexuellen und Soldaten halten oft über die ganze Dienstzeit, nicht selten darüber hinaus vor. So mancher Urning erhält, wenn der Soldat schon längst als verheirateter Bauer fern von seiner geliebten Garnison Berlin in heimatlichen Gauen das Land bestellt, »Frischgeschlachtetes« als Zeichen freundlichen Gedenkens. Es kommt sogar vor, daß sich diese Verhältnisse auf die nachfolgenden Brüder übertragen; so kenne ich einen Fall, wo ein Homosexueller nacheinander mit drei Brüdern verkehrte, die bei den Kürassieren standen.

Gewöhnlich kommt der Soldat, wenn der Dienst zu Ende, in die Wohnung seines Freundes, der ihm bereits sein Lieblingsessen eigenhändig gekocht hat, dessen gewaltige Mengen hastig verschlungen werden. Dann nimmt der junge Krieger in gesundheitsstrotzender Breite auf dem Sofa Platz, während der Urning, bescheiden auf einem Stuhle sitzend, ihm die mitgebrachte zerrissene Wäsche flickt oder die Weihnachtspantoffeln stickt, mit denen jener eigentlich überrascht werden sollte, die aber zu verheimlichen, die Beherrschungskraft des glücklichen Liebhabers um ein Beträchtliches übersteigt.

Währenddem werden alle die kleinen Einzelheiten des königlichen Dienstes besprochen; was der »Alte« (Hauptmann) beim Appell gesagt hat, was morgen für Dienst ist, wann man auf Wache muß und ob man ihn nicht am nächsten Tage irgendwo vorbeimarschieren sehen könnte. Schließlich geleitet man ihn bis in die Nähe der Kaserne, nicht ohne vorher die Feldflasche mit Rotspon gefüllt und die Butterstullen eingepackt zu haben.

Am Parademorgen aber steht der Urning in der Belle-Alliancestraße an der verabredeten Stelle schon ganz früh, um ja noch in der ersten Reihe Platz zu bekommen. Hoffentlich ist sein Soldat Flügelmann, daß man ihn auch ganz genau sieht. Und nachher wird ausgeharrt, bis er zurückkommt, und abends hat er dann Urlaub, dann geht es zu »Buschen« in den Zirkus, nachdem er zuvor die 50 Pfennige, die er an diesem Tage als Extrasold erhielt, in die bei seinem Freunde stationierte Sparbüchse versenkt hat.

Ein noch größerer Feiertag aber ist das »Kaisersgeburtstagskompagnievergnügen«. Da geht der Homosexuelle als »Cousin« mit seinem Freunde hin. In rührender Glückseligkeit tanzt er mit dem Mädchen, mit welchem gerade zuvor sein Soldat getanzt hat, er hat keine Ahnung, wie sie aussieht, denn er hat nur auf ihn gesehen und während er das Mädchen umfaßt hielt, nur an ihn gedacht. Womöglich spricht auch der Hauptmann mit ihm als Cousin seines Gefreiten oder Unteroffiziers. Es kann sich aber auch ereignen, daß der Homosexuelle zu seinem Leidwesen diesem Festtage fernbleiben muß, wenn er nämlich einige Tage zuvor mit einem der anwesenden Offiziere irgendwo an demselben Diner teilgenommen hat.

Die Gründe, welche den Soldaten zum Verkehr mit Homosexuellen veranlassen, liegen nahe; es ist einmal der Wunsch, sich das Leben in der Großstadt etwas komfortabler zu gestalten, besseres Essen, mehr Getränke, Zigarren und Vergnügungen (Tanzboden, Theater etc.) zu haben; dazu kommt, daß er – der oft sehr bildungsbedürftige Landwirt, Handwerker oder Arbeiter – im Verkehr mit dem Homosexuellen geistig zu profitieren hofft, dieser gibt ihm gute Bücher, spricht mit ihm über die Zeitereignisse, geht mit ihm ins Museum, zeigt ihm, was sich schickt und was er nicht tun soll; das oft drollige, komische Wesen des Urnings trägt auch zu seiner Erheiterung bei; wenn sein Freund ihm abends Couplets vorsingt oder ihm gar, mit dem Lampenschirm als Kapotte und einer Schürze weiblich zurecht gestutzt, etwas vortanzt, amüsiert er sich in seiner Naivität über alle Maßen. Weitere Momente sind der Mangel an Geld oder an Mädchen, die den Soldaten nichts kosten, die Furcht vor den beim Militär sehr übel akkreditierten Geschlechtskrankheiten und die gute Absicht, der daheim bleibenden Braut treu zu bleiben, der man beim Abschied die Treue geschworen und die in jedem »Schreibebrief« ängstlich an diesen Schwur gemahnt.

In der Nähe der geschilderten Kneipen befindet sich vielfach auch der »militärische Strich«, auf dem die Soldaten einzeln oder in Paaren gehend Annäherung an Homosexuelle suchen. Ich will hier auf eine wichtige Erscheinung hinweisen, auf die mich ein weit gereister Homosexueller aufmerksam machte, und deren Richtigkeit mir auf Befragen seitdem von zuverlässigen Gewährsmännern übereinstimmend bestätigt wurde. Die »Soldatenprostitution« ist in einem Lande um so stärker, je mehr die Gesetze die Homosexuellen verfolgen. Offenbar hängt diese Tatsache damit zusammen, daß man in Ländern mit Urningsparagraphen von den Soldaten am wenigsten Erpressungen und andere Unannehmlichkeiten zu fürchten hat.

Außer in London, wo sich in den belebtesten Parks und Straßen vom Spätnachmittag bis nach Mitternacht zahlreiche Soldaten in unverkennbarer Weise feilbieten, fand unser Gewährsmann in keiner Weltstadt jeden Abend solche Auswahl an Soldaten verschiedener Waffengattungen, wie in Berlin. Es gibt etwa ein halbes Dutzend Stellen, auf denen die Soldaten nach Einbruch der Dämmerung in bestimmter Absicht auf- und abgehen. Wie die Lokale, wechseln auch die »Striche« ziemlich häufig, so ist erst neuerdings ein vielbegangener Weg, das Planufer, den Soldaten verboten worden.

Sehr verbreitet ist die Soldatenprostitution namentlich in den skandinavischen Hauptstädten; in Stockholm läßt man seit einigen Jahren sogar eigene Militärpatrouillen auf Soldaten fahnden, die zu dem erwähnten Zwecke »herumstreichen«, doch hat dies, wie unser Gewährsmann, der lange in der schwedischen Hauptstadt lebte, versichert, nichts geholfen.

In Helsingfors, der Hauptstadt Finnlands, einem Orte von etwa 80 000 Einwohnern, ist die militärische Prostitution ganz besonders stark hervortretend. Etwas geringer ist sie in Petersburg, wo auf einem vom Zentrum der Stadt weit entfernten Platz besonders Matrosen Bekanntschaften mit Homosexuellen suchen.

Unser Gewährsmann vergleicht mit diesen Städten Paris, wo er »in 18 Monaten nur Rudimente eines militärischen Strichs« nachweisen konnte, sowie die einschlägigen Verhältnisse in Amsterdam, Brüssel, Rom, Mailand, Neapel und Florenz (Städte ohne Urningsparagraphen) und gelangt zu dem Schlusse, »daß in allen europäischen Ländern mit strengen Strafbestimmungen gegen den homosexuellen Verkehr die Hingabe von Soldaten in einer Weise auftritt, die man nicht für möglich halten sollte, wenn man es nicht mit eigenen Augen beobachtet hat, während man in Ländern ohne Urningsparagraphen fast nichts von dieser Erscheinung bemerkt«.

Die gebräuchliche Bezeichnung »Soldatenprostitution« entspricht übrigens dem sonstigen Begriff der Prostitution nicht, da es sich ja bei den Soldaten keineswegs »um eine berufs- oder gewerbsmäßige Hingabe des Körpers« handelt. Ich möchte hier der weitverbreiteten Ansicht entgegentreten, als ob dem Verkehr zwischen Soldaten und Homosexuellen gewöhnlich Akte zu Grunde liegen, die an und für sich strafbar sind. Kommt es zu geschlechtlichen Handlungen, was durchaus nicht immer der Fall ist, so bestehen diese fast stets in Erregungen durch Umarmen, Aneinanderpressen und Berühren der Körperteile, wie dies überhaupt bei homosexueller

Betätigung die Regel ist. Die Vorstellung, der Homosexuelle, namentlich auch der weiblicher gearteter, sei Päderast in des Wortes üblichem Sinn, ist eine vollkommen irrtümliche. In meiner Praxis ereignete sich kürzlich eine Episode, die mir zeigte, wie stark auch noch in Berlin diese Meinung vorherrscht. Bald nachdem in den Zeitungen infolge der von mir unternommenen statistischen Umfrage über die Zahl der Urninge viel von Homosexualität die Rede war, suchte mich ein biederer Schlächtermeister aus dem Osten auf, ein völlig normaler Familienvater, welcher sich allen Ernstes mit folgenden Worten einführte: »Ich habe seit einigen Wochen ein so starkes Jucken in der Nähe des Afters und wollte Sie daher bitten, einmal nachzusehen, ob ich homosexuell veranlagt bin.«

Die Seltenheit eigentlich päderastischer Akte ändert aber nichts an der Grausamkeit und Ungerechtigkeit der betreffenden Strafbestimmungen, da das gesellschaftlich Vernichtende bereits die Voruntersuchung ist und das Gericht – wenn bestraft wird, auch ganz mit Recht – sich nicht so streng an die bestimmte Art der Betätigung hält. Im übrigen wiederhole ich, daß das rein sexuelle Moment im Leben und der Liebe des Homosexuellen keine größere Rolle spielt, wie im nichturnischen Leben; ich würde diese Frage ihres intimen und privaten Charakters wegen überhaupt nicht in den Kreis meiner Betrachtungen gezogen haben, wenn sie nicht von den Verfechtern einer falschen Moral immer wieder als Hauptsache in den Vordergrund gezerrt würde.

Es gibt noch einen zweiten Stand, der in Berlin seit langer Zeit mit den Urningen vielfache Beziehungen unterhält; das sind die Athleten. Die zahlreichen Athleten-Vereine der Hauptstadt setzen sich zumeist aus unverheirateten Arbeitern zwischen dem 18. und 25. Lebensjahr zusammen; größtenteils sind es Schlosser, Schmiede oder sonstige Eisenarbeiter. Bei diesen Leuten gilt Kraft, Gefahr und Kühnheit alles. In ihren Augen ist »der Kampf zwischen Rußland und Japan überhaupt kein Kampf, weil so viel geschossen und so wenig gerungen, gestochen und geboxt wird«.

Wir betreten einen Athletenklub, welcher mit Homosexuellen im Zusammenhange steht. Im Nebenzimmer einer kleinen Gastwirtschaft wird »gearbeitet«. Der kleine Raum ist von Öl-, Metall- und Schweißgeruch erfüllt, jener eigentümlichen Ausdünstung, wie sie den Körpern der Eisenarbeiter zu entströmen pflegt. Auf dem Boden liegen Eisenstangen, Hanteln, Gewichte von 100 und mehr Pfund, daneben eine Matratze, auf der gerungen wird. Acht bis zehn kraftstrotzende Athleten sind zugegen, teils in schwarzem Trikot, teils mit entblößtem Oberkörper, Brust und Arme tätowiert.

An der Fensterseite des Zimmers steht ein langer, schmaler Tisch, von Bänken umgeben, auf denen eine Anzahl Herren sitzen, deren vornehme Züge und Anzüge mit denen der starken Männer seltsam kontrastieren. Oben am Tisch sitzt die Präsidentin oder Protektorin des Athletenklubs, ein Damenschneider, auf den das Wort Martials zutrifft, »daß er mit einer kleinen Ausnahme alles von seiner Mutter hat«. Kein Uneingeweihter würde in ihm ein Mitglied des Athletenklubs – geschweige denn dessen Präsidentin vermuten.

Auf dem Tisch befindet sich eine Sparbüchse, in welche die Gäste ihr Scherflein zur Deckung der Unkosten, Anschaffung von Gewichten und Matratzen tun. Außerdem berichtigen sie die Zechen ihrer Athleten, die vor und während der Arbeit in Selters, Limonade und Zigaretten, nach dem Gewichteheben und Ringen in Bier und Abendbrot bestehen.

Die urnischen Freunde sorgen, daß fleißig geübt wird, die plastische Schönheit der Bewegungen, das Spiel der Muskeln wird von den sachverständigen Gönnern eifrig verfolgt, jeder »Gang« auf das lebhafteste kritisiert.

Manche Homosexuelle verbinden sich mit den Athleten besonders auch deshalb, um, wenn sie irgendwie belästigt oder infolge des unglücklichen § 175 erpreßt werden, handfeste, unerschrockene Männer zur Verfügung zu haben, auf deren Schutz und »tatkräftige« Freundschaft sie sicher bauen können.

Von einigen Wirten urnischer Lokale, aber durchaus nicht von diesen allein, werden namentlich im Winterhalbjahr große Urningsbälle veranstaltet, die in ihrer Art und Ausdehnung eine Spezialität von Berlin sind. Hervorragenden Fremden, namentlich Ausländern, die in der jüngsten der europäischen Weltstädte etwas ganz Besonderes zu sehen wünschen, werden sie von höheren Beamten als eine der interessantesten Sehenswürdigkeiten gezeigt. Sie sind auch bereits wiederholt beschrieben, so neuerdings von Oscar Méténier in »Vertus et Vices allemands, les Berlinois chez eux«. In Paris 1904 bei Albin Michet erschienen. In der Hochsaison von Oktober bis Ostern finden diese Bälle in der Woche mehrmals, oft sogar mehrere an einem Abend statt. Trotzdem das Eintrittsgeld selten weniger als 1,50 Mark beträgt, sind diese Veranstaltungen meist gut besucht. Fast stets sind mehrere Geheimpolizisten zugegen, die achtgeben, daß nichts Ungeziemendes vorkommt; soweit ich unterrichtet bin, lag aber noch nie ein Anlaß vor, einzuschreiten. Die Veranstalter haben Ordre, möglichst nur Personen einzulassen, die ihnen als homosexuell bekannt sind.

Einige der Bälle erfreuen sich eines besonderen Renommées, vor allem der kurz nach Neujahr veranstaltete, auf dem die neuen, vielfach selbst gefertigten Toiletten vorgeführt werden. Als ich diesen Ball im letzten Jahr mit einigen ärztlichen Kollegen besuchte, waren gegen 800 Personen zugegen. Gegen 10 Uhr abends sind die großen Säle noch fast menschenleer. Erst nach 11 Uhr beginnen sich die Räume zu füllen. Viele Besucher sind im Gesellschafts- oder Straßen-Anzug, sehr viele aber auch kostümiert. Einige erscheinen dicht maskiert in undurchdringlichen Dominos, sie kommen und gehen, ohne daß jemand ahnt, wer sie gewesen sind; andere lüften die Larve um Mitternacht, ein Teil kommt in Phantasiegewändern, ein großer Teil in Damenkleidern, manche in einfachen, andere in sehr kostbaren Toiletten. Ich sah einen Südamerikaner in einer Pariser Robe, deren Preis über 2000 Francs betragen sollte.

Nicht wenige wirken in ihrem Aussehen und ihren Bewegungen so weiblich, daß es selbst Kennern schwer fällt, den Mann zu erkennen. Ich erinnere mich, daß ich auf einem dieser Bälle mit einem auf diesem Gebiet sehr erfahrenen Kriminalwachtmeister ein Dienstmädchen beobachtete, von dem der Beamte fest überzeugt war, daß sie ein richtiges Weib sein müsse, auch ich hatte nur geringe Zweifel, um in der Unterhaltung mit ihr aber doch wahrzunehmen, daß sie »ein Mann« war. Wirkliche Weiber sind auf diesen Bällen nur ganz spärlich vorhanden, nur dann und wann bringt ein Uranier seine Wirtin, eine Freundin oder – seine Ehefrau mit. Man verfährt im allgemeinen bei den Urningen nicht so streng wie auf den analogen Urnindenbällen, auf denen jedem »echten Mann« strengstens der Zutritt versagt ist. Am geschmacklosesten und abstoßendsten wirken auf den Bällen der Homosexuellen die ebenfalls nicht vereinzelten Herren, die trotz eines stattlichen Schnurrbartes oder gar Vollbartes »als Weib« kommen. Die schönsten Kostüme werden auf ein Zeichen des Einberufers mit donnerndem Tusch empfangen und von diesem selbst durch den Saal geleitet. Zwischen 12 und 1 Uhr erreicht der Besuch gewöhnlich seinen Höhepunkt. Gegen 2 Uhr findet die Kaffeepause – die Haupteinnahmequelle des Saalinhabers – statt. In wenigen Minuten sind lange Tafeln aufgeschlagen und gedeckt, an denen mehrere hundert Personen Platz nehmen; einige humoristische Gesangsvorträge und Tänze anwesender »Damenimitatoren« würzen die Unterhaltung, dann setzt sich das fröhliche Treiben bis zum frühen Morgen fort.

In einem der großen Säle, in welchem die Urninge ihre Bälle veranstalten, findet auch fast jede Woche ein analoger Ballabend für Uranierinnen statt, von denen sich ein großer Teil in Herrenkostüm einfindet. Die meisten homosexuellen Frauen auf einem Fleck kann man alljährlich auf einem von einer Berliner Dame arrangierten Kostümfest sehen. Das Fest ist nicht öffentlich, sondern gewöhnlich nur denjenigen zugänglich, die einer der Komiteedamen bekannt sind. Eine Teilnehmerin entwirft mir folgende anschauliche Schilderung: »An einem schönen Winterabend fahren von 8 Uhr ab vor einem der ersten Berliner Hotels Wagen auf Wagen vor, denen Damen und Herren in Kostümen aller Länder und Zeiten entsteigen. Hier sieht man einen flotten Couleurstudenten mit mächtigen Renommierschmissen ankommen, dort hilft ein schlanker Rokokoherr seiner Dame galant aus der Equipage. Immer dichter füllen sich die strahlend erleuchteten weiten Räume; jetzt tritt ein dicker Kapuziner ein, vor dem sich ehrfurchtsvoll Zigeuner, Pierrots, Matrosen, Clowns, Bäcker, Landsknechte, schmucke Offiziere, Herren und Damen im Reitanzug, Buren, Japaner und zierliche Geishas neigen. Eine glutäugige Carmen setzt einen Jockey in Brand, ein feuriger Italiener schließt mit einem Schneemann innige Freundschaft. Die in buntesten Farben schillernde fröhliche Schar bietet ein höchst eigenartiges anziehendes Bild. Zuerst stärken sich die Festteilnehmerinnen an blumengeschmückten Tafeln. Die Leiterin in flotter Samtjoppe heißt in kurzer kerniger Rede die Gäste willkommen. Dann werden die Tische fortgeräumt. Die »Donauwellen« erklingen, und begleitet von fröhlichen Tanzweisen, schwingen sich die Paare die Nacht hindurch im Kreise. Aus den Nebensälen hört man helles Lachen, Klingen der Gläser und munteres Singen, nirgends aber – wohin man sieht – werden die Grenzen eines Kostümfestes vornehmer Art überschritten. Kein Mißton trübt die allgemeine Freude, bis die letzten Teilnehmerinnen beim matten Dämmerlicht des kalten Februarmorgens den Ort verlassen, an dem sie sich unter Mitempfindenden wenige Stunden als das träumen durften, was sie innerlich sind. Wem es je vergönnt war, schließt Frl. R. ihren Bericht, ein derartiges Fest mitzumachen, wird aus ehrlicher Überzeugung sein Leben lang für die ungerecht verleumdeten Uranierinnen eintreten, denn er wird sich darüber klargeworden sein, daß es überall gute und schlechte Menschen gibt, daß die homosexuelle Naturveranlagung aber ebensowenig wie die heterosexuelle von vornherein einen Menschen zum Guten oder Bösen stempelt.«

Nicht weniger wie die Bälle sind die »Herrenabende« besucht, theaterartige Veranstaltungen, welche von Zeit zu Zeit von Urningen für Urninge gegeben werden. Gewöhnlich sind sämtliche auftretenden Künstler »Zwischenstufen«; besonders beliebt ist es, berühmte Literaturwerke homosexuell zu parodieren, und es erregt nicht geringe Heiterkeit, wenn die Engeln als Marthe Schwertlein, die Harfenjule als Salome oder gar Schwanhilde als Maria Stuart, Königin Elisabeth und Amme in einer Person auftritt.

Außer den Restaurants gibt es in Berlin auch Hotels, Pensionate und Badeanstalten, die fast ausschließlich von Homosexuellen besucht werden; dagegen habe ich ein von Pastor Philipps neuerdings, wie bereits früher, erwähntes Berliner Gemeinschaftshaus der Homosexuellen bisher nicht ermitteln können.

Die Homosexualität in Badeanstalten ist in Berlin bei weitem nicht so verbreitet wie in anderen Großstädten, namentlich in St. Petersburg und Wien. In der österreichischen Hauptstadt befindet sich ein Bad, das durch den ganz außerordentlich starken Zusammenfluß von Homosexuellen an bestimmten Tagen, zu gewissen Stunden einzig dastehen dürfte. In Berlin weiß ich von vier mittelgroßen Badeanstalten, die nur von homosexueller Kundschaft leben. Auch einige Schwimmbassins sind zu bestimmten Tageszeiten Treffpunkte der Homosexuellen.

Vielfach sind in diesen Anstalten, ebenso wie in den Restaurationen und Hotels, der Besitzer oder ein Angestellter homosexuell. Dieselben sind ursprünglich meist nicht in der Absicht gegründet, urnische Bekanntschaften zu vermitteln oder gar der Unzucht Vorschub zu leisten (im Sinne des § 180 R.-St.-G.-B.), vielmehr hat es sich allmählich herumgesprochen, daß der Eigentümer oder der Oberkellner oder ein Masseur »so« ist, worauf sich dann viele Urninge dorthin ziehen, weil sie sich dort ungenierter fühlen.

Die Besitzer sind sich oft gewiß nicht darüber klar, daß sie dabei Gefahr laufen, mit dem Kuppeleiparagraphen des Strafgesetzbuches in Konflikt zu geraten. Vor kurzem erregte ein Prozeß wegen homosexueller Kuppelei ziemliches Aufsehen, der gegen einen alten Uranier angestrengt wurde, welcher mit einem Freunde im Westen der Stadt ein Pensions-Hotel führte, das überwiegend von homosexuellen Damen und Herren besucht wurde. Trotzdem die Angeklagten – meines Erachtens nicht mit Unrecht – darauf hinwiesen, daß sie keine höheren Preise forderten und erhielten, wie sie in ähnlichen Etablissements üblich sind, ferner, daß sie sich nicht befugt hielten, zu kontrollieren, was ihre Gäste, zu denen ein vielgenannter Reichstagsabgeordneter gehörte, auf ihren Zimmern mit ihren Besuchern täten, wurden beide zu einer Gefängnisstrafe von einem Monat verurteilt.

Einer wieviel größeren Gefahr setzen sich die Hotelwirte aus, bei denen sich für wenige Stunden die männlichen Prostituierten mit ihren Herren einfinden, sowie die urnischen Absteigequartiere, deren es in Berlin eine ganze Anzahl geben soll. Diese Quartiere sind eine unmittelbare Folge der durch den § 175 geschaffenen Verhältnisse. Sie werden besonders von Uraniern vornehmer Gesellschaftskreise, auch viel von uranischen Offizieren auswärtiger Garnisonen benutzt, die sich aus wohlbegründeter Furcht, Erpressern, Verbrechern oder Verrätern in die Hände zu fallen, an diese Vertrauenspersonen wenden, die ihnen etwas »ganz Sicheres« besorgen sollen.

In Brüssel wurde in diesem Sommer ein Schuhmacher mit seiner Frau verhaftet, bei dem man zahlreiche Albums mit Photographien vorfand, die den Nachfragenden zur Auswahl vorgelegt wurden. Ähnliches kommt auch in Berlin vor. Wie mir verbürgt mitgeteilt wurde, gibt es Vermittler, bei denen sich Herren mündlich und schriftlich, ja sogar telegraphisch Personen unter Angabe aller möglichen fetischistischen Liebhabereien bestellen, einen Kürassier mit weißen Hosen und hohen Stiefeln, Männer in Frauen- und Frauen in Männerkleidern, einen Bierkutscher, einen Steinträger in Arbeitsanzug, ja sogar einen Schornsteinfeger. Fast alle finden dann zu der bestimmten Stunde das Erbetene vor. Auch für urnische Damen existieren ähnliche Vermittelungslokale.

Unbewußt leistet auch die Berliner Tagespresse den Urningen umfangreiche Mittlerdienste. In manchen Blättern findet man fast täglich mehrere Inserate, die homosexuellen Zwecken dienen, wie »junge Frau sucht Freundin«, »junger Mann sucht Freund«. Ich gebe hier einige Beispiele derartiger Annoncen wieder, die innerhalb kurzer Zeit Berliner Zeitungen verschiedenster Parteirichtung entnommen wurden.

Wie mir mehrfach versichert wurde, werden diese Inserate von denen, für die sie berechnet sind, sehr wohl verstanden.

***

Wir haben bereits wiederholt die männliche Prostitution erwähnen müssen und dürfen diese gewiß beklagenswerte Erscheinung nicht übergehen, wenn wir eine einigermaßen vollständige Schilderung der vielseitigen Gestaltungsformen geben wollen, in denen uns das urnische Leben Berlins entgegentritt.

Wie jede Großstadt, hat auch Berlin neben der weiblichen eine männliche Prostitution. Beide sind eng verwandt durch Abstammung, Wesen, Ursachen und Folgen. Hier wie dort kommen stets zwei Gründe zusammen, von denen bald der eine, bald der andere den Ausschlag gibt: innere Anlagen und äußere Verhältnisse. In denjenigen, die der Prostitution anheimfallen, ruhen von Jugend an bestimmte Eigentümlichkeiten, unter welchen ein mit dem Hang zur Bequemlichkeit verbundener Drang zum Wohlleben am deutlichsten hervortritt. Sind bei diesen Eigenschaften die äußeren Verhältnisse günstig, sind namentlich die Eltern vermögend, so verfallen die jungen Leute nicht der Prostitution; tritt aber häusliches Elend hinzu, kümmerlicher Lebensunterhalt, Arbeits- und Stellungslosigkeit, Mangel an Unterkommen und womöglich die größte aller Sorgen, der Hunger, dann halten wohl von Natur aus stabile, in sich gefestigte Charaktere stand, die labilen aber suchen die nie fehlende Versuchung, sie erliegen und verkaufen sich, trotz der Tränen der Mutter.

Es gibt Menschenfreunde, die die Besserung von der Freiheit des Willens und andere, die sie vom Zwang der Verhältnisse erwarten; nach Erziehung und Religion verlangen die einen, nach dem Zukunftsstaat die anderen. Beide sind zu optimistisch. Wer helfen will, muß innen und außen ansetzen, die Verhältnisse zu bessern trachten, daß kein Mädchen und kein Jüngling es nötig hat, sich zu verkaufen, und die Personen bessern unter besonderer Rücksicht der Vererbungsgesetze, daß niemand die Neigung verspürt, sich als Ware feilzubieten.

Ihr sagt, das ist nicht zu erreichen, ich aber meine, nur was man aufgibt, ist verloren.

Das Arbeitsfeld der Prostitution ist die Straße, bestimmte Gegenden und Plätze, die sogenannten »Striche«. Ein Homosexueller zeigte mir einmal einen Plan von Berlin, auf dem er diese mit blauen »Strichen« versehen hatte; die Zahl der so bezeichneten Stellen war keine geringe.

Seit alters spielt auf diesem Gebiete der Tiergarten in einigen seiner Partien eine besondere Rolle. Es gibt wohl keinen zweiten Wald, der so mit Menschenschicksalen verwoben ist, wie dieser über 1000 Morgen große Park.

Nicht seine landschaftlichen Schönheiten, nicht der künstlerische Schmuck, der Menschen Leben, Lieben und Leiden verleihen ihm seine Bedeutung. Vom frühen Morgen, wenn die

Begüterten auf den Reitwegen ihr Herz entfetten, bis zum Mittag, wenn der Kaiser seine Spazierfahrt unternimmt, vom Frühnachmittag, wenn im Parke tausend Kinder spielen, bis zum Spätnachmittag, wenn sich das Bürgertum ergeht, hat jeder Weg zu jeder Jahreszeit und jeder Stunde sein eigenes Gepräge. Hätte Emile Zola in Berlin gelebt, ich zweifle nicht, daß er diesen Forst durchforscht und von dem, was er wahrgenommen, ein Werk von der Wucht Germinals geschaffen hätte.

Wenn es aber Abend wird und sich anderen Welten die Sonne neigt, mischt sich mit dem Hauch der Dämmerung ein Hauch, der suchend und sehnend aufsteigt aus Millionen irdischer Wesen, ein Teil des Weltgeistes, den manche den Geist der Unzucht nennen, und der doch in Wahrheit nur ein Bruchstück der großen gewaltigen Triebkraft ist, die, so hoch wie Nichts und so niedrig wie Nichts, unablässig gestaltet, waltet, bildet und formt.

Überall treffen sich an den Kreuzwegen des Tiergartens verabredete Paare, man sieht, wie sie sich entgegeneilen, sich freudig begrüßen und aneinander geschmiegt im Gespräch der Zukunft entgegenschreiten, man sieht sie sich auf noch freien Bänken niederlassen und schweigend sich umarmen und neben der hohen, der unveräußerlichen geht die niedere, käufliche Liebe einher.

Auf drei weit auseinander gelegenen Wegen halten sich Weiber, auf zweien Männer feil. Während in der Stadt die weibliche und männliche Prostitution durcheinander flutet, hat hier jede ihren »Strich« für sich, von den männlichen ist der eine allabendlich fast nur von Kavalleristen erfüllt, deren Säbel in der Finsternis seltsam aufblitzen, während der andere, eine ziemlich lange Strecke, größtenteils von den verwegenen Burschen eingenommen wird, die sich im Berliner Volkston mit Vorliebe selbst »keß und jemeene« nennen. Hier ist eine jener alten halbrunden Tiergartenbänke, auf der in den Stunden vor Mitternacht an dreißig Prostituierte und Obdachlose dicht nebeneinander sitzen, manche sind fest eingeschlafen, andere johlen und kreischen. Sie nennen diese Bank die »Kunstausstellung«. Dann und wann kommt ein Mann, steckt ein Wachsstreichholz an und leuchtet die Reihe ab.

Nicht selten tönt in das Juchzen der Jungen ein greller Schrei, der Hilferuf eines im Walde Beraubten oder Gemißhandelten, oder ein kurzer Knall schallt in die von den entfernten Zelten in vereinzelten Stößen herüberdringenden Musik – er kündet von einem, der sein Leben verneinte.

Und wer Originale sucht, von denen sehr zu Unrecht behauptet wird, sie seien in der Großstadt ausgestorben, im Tiergarten sind sie reichlich zu finden. Seht Ihr die Alte dort mit den vier Hunden am Neuen See? Seit vierzig Jahren macht sie mit kurzer Sommerunterbrechung zu derselben Stunde denselben Spaziergang, nie von Menschen begleitet, von jener Zeit ab, da ihr am Hochzeitstage zwischen der standesamtlichen und kirchlichen Trauung der Mann am Blutsturz verschied; seht Ihr dort die ausgedörrte, gekrümmte Gestalt im struppigen Graubart? Das ist ein russischer Baron, der erspäht sich abends eine einsame Bank, dort läßt er sich nieder und schreit »rab, rab, rab«, ähnlich wie ein Rabe krächzt; aus unsichtbaren Wegen tauchen auf diesen Lockruf einige »kesse Schieber« hervor, es sind seine Freunde, unter denen er die »Platten«, gewöhnlich drei bis fünf Mark, verteilt, die ihm von seinem Tageszins geblieben sind.

Die männlichen Prostituierten zerfallen in zwei Gruppen, in solche, die normalgeschlechtlich und in solche, die »echt«, d. h. selbst homosexuell sind. Letztere sind zum Teil stark feminin, und einige gehen auch gelegentlich in Weiberkleidern aus, was jedoch in den Kreisen der weiblichen Prostituierten übel vermerkt wird. Es ist dies zwischen beiden fast der einzige *casus belli*, denn die Erfahrung hat sie gelehrt, daß sie ohne diese Vorspiegelung falscher Tatsachen einander nicht die Kundschaft fortnehmen. Eine ziemlich gebildete Prostituierte, die ich einmal nach einer Erklärung des guten Einvernehmens zwischen den weiblichen und männlichen Prostituierten fragte, antwortete mir: »wir wissen doch, daß jeder *Freier* nach seiner Façon selig werden will.«

Unter den Berliner Prostituierten kommen vielfach eigentümliche Paarungen vor. So tun sich normale männliche Prostituierte, die sogenannten Pupenluden, nicht selten mit normalen weiblichen Prostituierten zu gemeinsamer »Arbeit« zusammen, auch von zwei Geschwisterpaaren ist mir berichtet, von denen sowohl die Schwester wie der Bruder diesem erniedrigenden Gewerbe obliegen; sehr häufig leben zwei weibliche und nicht selten auch zwei männliche Prostituierte zusammen, und endlich kommt es auch vor, daß sich homosexuelle weibliche Prostituierte mit homosexuellen männlichen Prostituierten als Zuhältern verbinden, die sie für weniger brutal halten als ihre heterosexuellen Kollegen.

Bekannt ist es, daß es unter den weiblichen Prostituierten eine große Anzahl homosexueller gibt, man schätzt sie auf 20 %. Mancher wundert sich über diesen scheinbaren Widerspruch in sich, da doch das käufliche Dirnentum vor allem der sexuellen Befriedigung des Mannes dient. Vielfach meint man, es liege hier eine Übersättigung vor, das ist aber in Wirklichkeit nicht der Fall, denn es läßt sich nachweisen, daß diese Mädchen gewöhnlich schon homosexuell empfanden, ehe sie sich der Prostitution ergaben, und es beweist die Tatsache ihrer Homosexualität eigentlich nur, daß sie den Verkauf ihres Körpers lediglich als ein Geschäft betrachten, dem sie mit kühler Berechnung gegenüberstehen.

Merkwürdig ist das Verhältnis der sich liebenden Prostituierten untereinander. Bis in diese Kreise ist das System der doppelten Moral gedrungen. Denn während der männliche, aktive Teil, der »Vater« sich frei fühlt und sich auch außerhalb seines gemeinschaftlichen Schlafgemachs weiblichen Verkehr gestattet, verlangt er von der weiblich passiven Partnerin in Bezug auf homosexuellen Umgang die vollkommenste Treue. Bei entdecktem Treubruch setzt sich ihr Verhältnis den schwersten Mißhandlungen aus, es kommt sogar vor, daß der männliche Teil dem weiblichen während der Zeit ihres Liebesbündnisses verbietet, ihrem Gewerbe nachzugehen.

Die weibliche Straßenprostitution Berlins unterhält auch vielfach Beziehungen mit urnischen Frauen besserer Gesellschaftskreise, ja sie scheut sich nicht, Frauen, die ihr homosexuell erscheinen, auf der Straße Anerbietungen zu machen. Dabei ist zu bemerken, daß die Preise für Frauen durchgängig geringere sind, ja, daß in vielen Fällen jede Bezahlung abgewiesen wird. Mir berichtete eine junge Dame, die allerdings einen sehr homosexuellen Eindruck macht, daß ihr auf der Straße Prostituierte Angebote von 20 Mark und mehr gemacht hätten.

Sowohl die weibliche wie die männliche Prostitution bedrohen durch ihr böses Beispiel nicht nur die öffentliche Sittlichkeit, nicht nur die öffentliche Gesundheit – denn es ist durchaus nicht selten, daß auch durch männliche Prostituierte ansteckende Krankheiten von der Skabies (Krätze) bis zur Syphilis übertragen werden – sondern auch in hohem Maße die öffentliche Sicherheit.

Prostitution und Verbrechertum gehen Hand in Hand; Diebstähle und Einbrüche, Erpressungen und Nötigungen, Fälschungen und Unterschlagungen, Gewalttätigkeiten jeder Art, kurz alle möglichen Verbrechen wider die Person und das Eigentum sind bei dem größten Teil der männlichen Prostituierten an der Tagesordnung, und besonders gefährlich ist es, daß diese Delikte von den verängstigten Homosexuellen in den meisten Fällen nicht zur Anzeige gebracht werden.

Verfallen in Berlin unter einer urnischen Bevölkerung von 50 000 Seelen – diese Zahl ist sicherlich nicht zu hoch gegriffen – im Jahr durchschnittlich zwanzig »dem Arm der Gerechtigkeit«, so fällt mindestens die hundertfache Zahl, nämlich 2000 im Jahr, den Erpressern in die Arme, welche, wie die Berliner Kriminalpolizei gewiß gern bestätigen wird, aus der Ausbeutung der homosexuellen Natur einen weitverbreiteten und recht einträglichen Spezialberuf gebildet haben.

Die engen Beziehungen zwischen den Prostituierten und Verbrechern gehen auch daraus hervor, daß beide sich desselben Jargons – der Verbrechersprache bedienen. Suchen sich »die Strichjungen« ihre Opfer, so nennen sie das »sie gehen auf die Krampftour«, das Erpressen selbst in seinen verschiedenen Abstufungen nennen sie: »abkochen«, »brennen«, »hochnehmen«, »prellen«, »neppen«, »abbürsten«, »rupfen« und »klemmen«; es sei hier übrigens bemerkt, daß es in Berlin auch Verbrecher gibt, die das Rupfen der männlichen Prostituierten als Spezialität betreiben, indem sie diese mit Anzeige wegen Päderastie oder Erpressung bedrohen. Die »schwule Bande« teilen sie nach ihrer Zahlungsfähigkeit in »Tölen«, »Stubben« und »Kavaliere«, das erbeutete

Geld nennen sie »Asche«, »Draht«, »Dittchen«, »Kies«, »Klamotten«, »Mesumme«, »Meschinne«, »Monnaie«, »Moos«, »Pfund«, »Platten«, »Pulver«, »Zaster«, »Zimt«, das Goldgeld: »stumme Monarchen«, Geld haben heißt »in Form sein«, keins haben »tot sein«, kommt ihnen etwas in die Quere, so sagen sie »die Tour sei ihnen vermasselt«, fortlaufen heißt »türmen«, sterben »kapores gehen«, werden sie von den »Greifern«, d.h. den Kriminalbeamten oder den Blauen – das sind die Schutzleute, abgefaßt, so nennen sie das »hochgehen«, »auffliegen«, »alle werden«, »krachen gehen« oder »verschütt gehen«. Dann kommen sie erst auf die »Polente«, das Polizeibureau, darauf ins »Kittchen«, das Untersuchungsgefängnis, um dann, wie sie sich euphemistisch ausdrücken, in einen »Berliner Vorort« zu ziehen, darunter verstehen sie Tegel, Plötzensee und Rummelsburg, die Sitze der Strafgefängnisse und des Arbeitshauses. Nur sehr selten verlassen sie diese gebessert. Wohlhabende Urninge geben sich oft große Mühe, Prostituierte von der Straße zu retten, doch gelingt auch dieses nur in sehr vereinzelten Fällen. Viele »zehren«, wenn sie älter werden, »von Erinnerungen«, indem sie ihnen als homosexuell bekannte Personen, die ihren Standort kreuzen, um kleine Geldbeträge »anbohren«, was sie als »Zinseneinholen« oder »tirachen« bezeichnen.

Gewöhnlich hat diese gefährliche Menschenklasse einen guten Blick dafür, wer homosexuell veranlagt ist, doch kommt es auch sehr häufig vor, daß sie völlig normalsexuelle Personen bedrohen und beschuldigen. Ich gebe als Beispiel einen Fall, wie ich ihn vor einiger Zeit in folgendem Schreiben geschildert erhielt:

Im vorigen Herbst traf ich auf der Durchreise nach dem Süden mit dem Abendzuge in Berlin ein und nahm für eine Nacht Quartier in der Nähe des Zentralbahnhofes, um am anderen Morgen weiter zu reisen. Den milden freundlichen Abend wollte ich zu einem Spaziergange benutzen.

Beim Verlassen der Passage sah ich eine Anzahl junger Burschen zusammenstehen, von denen der eine, etwa 20 Jahre alt, ein Schnupftuch laut wimmernd an die Backe preßte. Unwillkürlich faßte ich ihn deshalb schärfer ins Auge, als man es sonst tut, drehte mich auch noch einmal in meinem Mitleid nach ihm um, als ich in die Mittelallee der Linden einbog, um auf das Brandenburger Tor zuzugehen, in der Absicht, das mir bis dahin unbekannte Bismarckdenkmal noch flüchtig zu besichtigen. Nach kurzer Zeit sah ich denselben jungen Mann, nunmehr allein, das Tuch noch immer an die Backe gepreßt, mir vorausgehen und dann an einer Litfaßsäule in der Nähe des Tores stehen bleiben. Ich dachte mir nichts besonderes dabei und ging weiter. Da trat er an mich heran und bat um ein Almosen, indem er mir mit verschleierter, winselnder Stimme und flehentlich bittend, ich solle ihn nicht der Polizei verraten, einen langen Roman vortrug: er sei aus dem Osten, der Bromberger Gegend, hergekommen, habe keine Arbeit gefunden, sei jetzt ganz mittellos und habe seine Effekten für 16 Mark versetzt; sobald er soviel zusammenhabe, um diese einlösen zu können, wolle er in die Heimat zurück. Wir waren inzwischen an die Bedürfnisanstalt, rechts vor dem Tore, gekommen; ich gab ihm 50 Pfennige mit dem Bemerken, er solle sich durch Arbeit so viel verdienen, um seine Effekten auslösen zu können, ich sei hier selber fremd und nur auf der Durchreise; jetzt solle er seiner Wege gehen. Ich trat dann in die Anstalt ein und hörte wohl, daß hinter mir noch jemand eintrat, achtete aber nicht weiter darauf. Als ich mich nun auf der anderen Seite entfernen wollte, um den Weg nach dem Bismarckdenkmal einzuschlagen, sah ich meinen Burschen grinsend und ohne Tuch mir den Weg verlegen mit den Worten: »Wenn Sie mir jetzt nicht 16 Mark geben, zeige ich Sie an, dann kommen Sie ins Loch.« Zugleich sagte er zu meinem namenlosen Erstaunen: »Ich zeige Ihnen an, Sie Hallunke, wat Sie in Ihrer Wollüstigkeit mit mir gemacht haben. Zahlen Sie 16 Mark, oder ich schrei, det janz Berlin zusammenläuft.« – Ich bemerke, daß ich 58 Jahre alt, längst mehrfacher Großvater bin und einer höheren Beamtenklasse angehöre. Wenn nicht mein Ruf, so stand doch die Fortsetzung meiner Reise auf dem Spiel, wenn ich in eine, noch dazu so ekelhafte, Untersuchung verwickelt wurde.

Ich trat daher schnell an den Rand der Charlottenburger Chaussee und winkte eine leere Droschke heran, bis dahin immerfort von den unflätigen Reden des Burschen verfolgt. Ehe noch die Droschke hielt, schrie der Chanteur – jetzt mit völlig veränderter Stimme –: »Solch' alter Hund, warte nur, Du sollst brummen.« Zugleich machte er Miene, vor mir in die Droschke einzusteigen. Es blieben bereits einige Passanten stehen, einen Schutzmann aber konnte ich nicht entdecken. Da griff ich in die Tasche, hielt ihm ein Zehnmarkstück hin und warf es aufs Pflaster, so daß er ziemlich weit laufen mußte, um es aufzuheben. Diesen Moment benutzte ich, sprang in die Droschke und trieb den Kutscher zur Eile an, indem ich ihm den Zentralbahnhof als Ziel angab. Auf die Frage des Kutschers nach dem Zusammenhange der Dinge sagte ich ihm, der Mensch sei offenbar betrunken gewesen und habe von mir Geld verlangt, worauf dieser mir gutmütig entgegnete: »Ja, ja, des ist hier, eene Jaljenbande. Sie hätten det Aas man den Nickel nich jeben sollen.« Er ahnte nicht, daß es zehn Mark gewesen waren. Ich verzichtete nun auf das Bismarckdenkmal und andere Sehenswürdigkeiten Berlins, legte mich ins Bett, schlief gar nicht, und fuhr in aller Frühe dem Süden zu. Seitdem bin ich mehrfach in Berlin gewesen, habe mich aber wohl gehütet, Jünglinge mit oder ohne Schnupftuch an der Backe aus Mitleid ins Auge zu fassen. Mir ist es nicht zweifelhaft, daß dieses ostentative Drücken des Schnupftuches an die Backe ein Chanteurkniff war, um die Aufmerksamkeit der Passanten zu erregen und unter diesen sich alsdann eine geeignete Persönlichkeit für seine Chantage auszusuchen, so einen Gutmütigen aus der Provinz, wie ich einer war.–

Sicher ist es hohe Zeit – so schließt der Berichterstatter diesem Verbrechertum durch Aufhebung des §
175 ein Ende zu bereiten.

Ich greife noch einen zweiten typischen Fall heraus, über den die Norddeutsche Allgemeine Zeitung vom 11. November 1904 berichtet:

th. Der 10. Strafkammer des Landgerichts I lag gestern wieder ein Fall vor, in dem ein verkomme-ner Mensch den § 175 St.G.B. zu Erpressungsversuchen benutzt hat. Der übel beleumundete Arbeiter Karl R. hat einen Herrn, der im Leben nichts mit ihm zu tun gehabt hat, fort und fort mit Briefen bombardiert, in denen unter Hinweisen auf § 175 allerlei aus der Luft gegriffene Behauptungen aufge-stellt wurden und als Refrain der Versuch, Geld zu erlangen, deutlich durchblickte. Der Adressat hat diese Erpresserbriefe zunächst unberücksichtigt gelassen, da er mit einer so schmutzigen Sache in gar keine Berührung kommen wollte. Als aber durch diese Briefe fortgesetzt Beunruhigung in seine Familie getragen wurde, erstattete er Anzeige. Der Gerichtshof verurteilte den Angeklagten zu 3 Jahren Gefäng-nis.

Schließlich noch aus vielen einen dritten Fall, der ebenfalls in mehr als einer Richtung be-zeichnend ist. Ein Homosexueller war einem Prostituierten in seine Wohnung gefolgt; dort angelangt, sagte der letztere mit eisiger Ruhe: »Ich bin Staudenemil (Staude heißt Hemd), ein bekannter Erpresser, gib Dein Portemonnaie.« Nachdem er dieses erhalten, zog er seinen Rock aus, streifte die Hemdsärmel hoch, so daß die mit obszönen Tätowierungen bedeckten Unter-arme sichtbar wurden, schleppte dann den Homosexuellen am Kragen an das Fenster seiner im vierten Stockwerk gelegenen Wohnung und drohte ihn herunterzustürzen, wenn er nicht alle Wertgegenstände herausgäbe, die er bei sich führe. Als er sich überzeugte, daß er nichts mehr hatte, fragte er ihn, wieviel Geld er zur Rückfahrt brauche, »schenkte« ihm für diesel-be 50 Pfennig und »nun« – so fuhr er fort – »kommst Du mit und saufst mit mir Knallblech (Champagner), jetzt bis Du mein Gast.« Wirklich ließ er nicht locker, bis der Homosexuelle einen großen Teil dessen, was er von ihm »geerbt«, mit ihm »verschmort« hatte.

Wie kommt es, daß diese gefährlichen Subjekte so selten angezeigt werden? Der Homose-xuelle und auch die meisten Normalsexuellen scheuen den Skandal, sie wissen, daß, wenn sie eine Anzeige erstatten, der Beschuldigte sofort teils aus Rache, teils zu seiner Rechtfertigung eine Gegenanzeige aufgrund des § 175 erstattet, und wenn auch die wohlunterrichtete Berli-ner Kriminalbehörde seit der einsichtsvollen Amtsführung des verstorbenen verdienten Krimi-naldirektors von Meerscheidt-Hüllessem, dem die Urninge der Hauptstadt zu größtem Dank verpflichtet sind, auf die Aussagen der Erpresser und Diebe, sowie der Prostituierten im allge-meinen nichts gibt, so zeigen sich die Staatsanwälte und Richter oft weit weniger orientiert. Es ereignet sich oft genug, daß der Erpresser zwar bestraft, sein Opfer aber auch aufs schwerste kompromittiert, benachteiligt, in seiner Stellung vernichtet wird. Ich erinnere nur an den in Berlin abgeurteilten Chantagefall Aßmann und Genossen, dessen Opfer der unglückliche Graf

H., Großvetter unseres Kaisers, war. Ja, ich habe Fälle erlebt, in denen die Staatsanwaltschaft auf die Aussage derartiger Individuen die Anklage erhoben hat. Ein Fall ist mir namentlich im Gedächtnis geblieben.

Ein alter, homosexueller Herr hatte einen Mann, dessen Bild sich im Berliner Verbrecheralbum befand, wegen Diebstahls angezeigt. Der wiederholt vorbestrafte Dieb machte eine Gegenanzeige, er sei von seinem Ankläger im Schlaf vergewaltigt worden. Unglaublicherweise schenkte das Gericht dieser Angabe Glauben, vereidigte diesen Zeugen und verurteilte den Homosexuellen, der bereits zweimal aus § 175 vorbestraft war, zu einem Jahr Gefängnis. Ich war als Sachverständiger geladen und werde es nie vergessen, wie der alte Mann – ein Hüne von Gestalt – bei dem ihm völlig unerwarteten Urteilsspruch in sich zusammensank, dann sich aufbäumte und mit entsetzlichem, gellendem Aufschrei seinen Richtern das eine Wort: »Justizmörder« entgegenschleuderte.

Gewiß sind dies Ausnahmefälle, gewiß haben es die Homosexuellen, wie mir einmal ein hoher Staatsbeamter entgegenhielt und wie es ja auch aus meinen Schilderungen hervorgeht, in Berlin »bereits ganz gut«. Darin liegt ja aber ein Beweis mehr für die Unhaltbarkeit eines Gesetzes, das, wie sich kürzlich ein Urning ausdrückte, »nicht die Tat, sondern das Pech« bestraft. Ich wies bereits darauf hin, daß, wenn man den überaus diskreten Charakter der in Frage kommenden Handlungen berücksichtigt und in Betracht zieht, daß die beiden Täter, ohne die Rechte Dritter anzutasten, die Tat unter sich und an sich vornehmen, nur ganz ungewöhnliche Nebenumstände in verschwindend seltenen Ausnahmefällen ein Bekanntwerden ermöglichen können.

Und trotzdem – würden die Kriminalbehörden auf der von Meerscheidt-Hüllessem eingerichteten »Berliner Päderastenliste« stehen mehrere tausend Namen – gegen die Homosexuellen so vorgehen, wie sie gegen wirkliche Verbrecher vorgehen, es würde sich in sehr kurzer Zeit die völlige Undurchführbarkeit der bestehenden Strafbestimmungen ergeben; dasselbe würde der Fall sein, wenn entsprechend der Kölner Resolution der evangelischen Sittlichkeitsvereine, die »wirklich krankhaft Geborenen« unter den Homosexuellen in Heilanstalten untergebracht werden würden.

Ich betone, um keinen Irrtum aufkommen zu lassen, hier nochmals, daß es sich bei den Forderungen zu Gunsten der Homosexuellen lediglich um das handelt, was *erwachsene Personen in freier Übereinstimmung unter einander vornehmen*; daß vor denen, die Rechte Dritter verletzen, die sich an Minderjährigen vergreifen, die Gewalt anwenden, daß vor den Sternbergen und Dippolden die Gesellschaft geschützt werden muß, ist selbstverständlich.

Vor einiger Zeit äußerte sich in einer Berliner Lehrerzeitung Pädagogische Zeitung 33. Jahrgang Nr. 33, Berlin, 18. August 1904, Leitartikel: Die Erziehung und das dritte Geschlecht von Paul Sommer. ein Lehrer, daß man in Anbetracht der wissenschaftlichen Forschungsergebnisse sich wohl oder übel mit der Frage beschäftigen müsse, wie die Homosexuellen »auf eine den Zwecken der Gesellschaft fördersame Art« in dieselbe einzureihen wären.

Ist denn diese Frage nicht längst gelöst?

Wo ist in Berlin ein Kunstfreund, der sich nicht an der Darstellungskunst einer urnischen Tragödin, wo ein Musikfreund, der sich nicht am Gesange eines urnischen Liedersängers erfreut hätte!

Bist Du denn sicher, ob nicht der Koch, der Deine Speisen bereitet, der Friseur, der Dich bedient, ob nicht der Damenschneider, der Deiner Frau Kleider fertigt, und der Blumenhändler, der Deine Wohnung ziert, urnisch empfinden?

Vertiefe Dich in die Meisterwerke der Weltliteratur, durchmustere die Helden der Geschichte, wandle in den Spuren großer einsamer Denker, immer wirst Du von Zeit zu Zeit auf Homosexuelle stoßen, die Dir teuer sind und die groß waren trotz – manche behaupten sogar durch – ihre Sonderart.

Ja weißt Du gewiß, ob unter denen, die Dir am nächsten stehen, die Du am zärtlichsten liebst, am meisten verehrst, ob nicht unter Deinen besten Freunden, Deinen Schwestern und Brüdern ein Urning ist?

Kein Vater, keine Mutter kann sagen, ob nicht eines ihrer Kinder dem urnischen Geschlechte angehören wird. Ich könnte auch hier viele Beispiele anrühren, will mich jedoch auf die Wiedergabe zweier Briefe beschränken, von denen der eine von einem Vater, der andere von einer Mutter stammt.

Von den 750 Direktoren und Lehrern höherer Lehranstalten, die im Jahre 1904 neben 2800 deutschen Ärzten die Petition an den Reichstag unterschrieben, welche die Aufhebung des Urningsparagraphen fordert, schrieb ein Berliner Pädagoge, »daß er noch bis vor kurzem, unbekannt mit der in Rede stehenden Materie, an die Notwendigkeit des § 175 geglaubt hätte; erst nach dem Tode eines edlen, für das Schöne, Wahre und Gute begeisterten Jünglings, dem die Entdeckung konträrsexueller Neigungen den Revolver in die Hand drückte – seines Sohnes –, seien ihm die Augen übergegangen und aufgegangen.« »Ein schwergebeugter Vater«, schließt er, »dankt dem wissenschaftlich-humanitären Komitee Dieses 1897 begründete Komitee, Sitz Charlottenburg, Berliner Straße 104, hat sich die Befreiung der Homosexuellen zur Aufgabe gesetzt. für sein menschenfreundliches Wirken.«

Und eine Mutter schreibt:

Hochgeehrter Herr!

In Anbetracht Ihrer Absicht, durch die Geburt und weiter durch den § 175 des St.G.B. unglücklich gewordenen Menschen helfen zu wollen, erlaube ich mir, folgende Fragen an Sie zu richten, von deren Beantwortung das Wohl und Wehe zweier Menschen abhängt: Ist Hoffnung vorhanden, daß der genannte Paragraph im Laufe dieses Winters im Reichstag zur Lesung gelangt und glauben Sie an die Möglichkeit der Aufhebung dieses Gesetzes? Ein mir sehr nahe stehender Verwandter Wie die Dame in einem zweiten Schreiben mitteilt, ist dieser nahe Verwandte ihr Sohn. Von seinen Erpressern erhielt der Vater als Hauptanstifter 2 Jahre 9 Monate, dessen zwanzigjähriger Sohn, der »Freund« des Geflüchteten, 1 Jahr 9 Monate Gefängnis. gehört zu diesen Unglücklichen. Er ist ein hochbegabter junger Mann, der sich durch seinen rechtschaffenen, braven Charakter, durch seinen sittenreinen Lebenswandel die Achtung seiner Mitbürger, insbesondere seiner Kollegen und Vorgesetzten in hohem Grade erworben hatte. Durch seine bedeutenden Kenntnisse verschaffte er sich bald eine gesicherte, einträgliche Stellung, bis sich ihm das Verhängnis nahte in Gestalt der abscheulichsten Erpresser. Leider war er schwach genug, einmal der Verführung zu folgen. Nachdem er Tausende geopfert, und seine Gesundheit durch die fortwährende Angst und Sorge vor Entdeckung untergraben war, mußte er alles aufgeben, seine Heimat, Eltern und Existenz, um der Schande zu entgehen. Nach vielen Versuchen, sich ohne Heimatsschein in der Schweiz eine ähnliche Stellung zu erwerben wie bisher, aber ohne Erfolg, faßte er den Gedanken, nach Amerika auszuwandern. Dort wollte er sich durch eisernen Fleiß und solides Leben einen neuen, bis dahin ihm fern stehenden Beruf gründen und hat auch hierin schon Examina bestanden. Aber durch viele Widerwärtigkeiten verliert er den Mut und setzt seine größte Hoffnung auf die Aufhebung des bewußten Paragraphen. Seinen Vater hat inzwischen der Tod ereilt, ohne daß der einzige Sohn an sein Sterbelager eilen konnte, und die Mutter steht allein mit ihrem großen Herzeleid, mit der ewigen Sehnsucht nach ihrem braven unglücklichen Kinde, und ist oft der Verzweiflung nahe. Dieselbe würde Ihnen, hochgeehrter Herr, in unbegrenzter Dankbarkeit verbunden sein, wenn Sie ihr Hoffnung auf die Erfüllung dieses ihres größten Wunsches machen, oder in irgendeiner Weise Rat erteilen könnten.

Dies der Brief der Mutter. Wem kommen bei diesen und ähnlichen Begebenheiten nicht Goethes Worte in den Sinn: »Opfer fallen hier, weder Lamm noch Stier, aber Menschenopfer unerhört«.

Wir sind am Ende unserer Wanderung, und ich danke dem Leser, der mir diese weite Strecke gefolgt ist, welche über so viele dunkle Abgründe menschlichen Elends, wenn auch über manche Höhe führte. Ehe wir uns trennen, laß mich Dir noch zwei Geschehnisse aus der Vergangenheit und Gegenwart berichten und eine Frage daran knüpfen.

Es war einmal ein Fürstbischof, Philipp, der residierte in der alten Stadt Würzburg am Main. Es war in der Zeit von 1623 bis 1631. In diesen acht Jahren ließ der Bischof, wie uns die Chroniken rühmend berichten, 900 Hexen verbrennen. Er tat es im Namen des Christentums, im Namen der Sittlichkeit, im Namen des Gesetzes und starb im Wahne, ein gutes Werk vollbracht zu haben.

Wir aber, die wir wissen, daß es niemals Hexen gab, werden noch heute von tiefem Schauder erfaßt, gedenken wir dieser zu unrecht gerichteten Frauen und Mütter.

In unserer guten Stadt Berlin leben zwei geistliche Herren, von denen der eine Philipps, der andere Runze heißt. Sie sagen, sie verkünden die Lehren des verehrungswürdigsten Meisters, der da die Worte zum Volke sprach: »Wer unter Euch frei von Schuld ist, der werfe den ersten Stein auf sie.«

Wie ihre Vorgänger in den Lahmen Gezeichnete, in Geisteskranken Besessene und in den Seuchen Strafen des Himmels sahen, so sehen sie in den Homosexuellen Verbrecher und bezeichnen unseren Kampf für die Homosexuellen als »ruchlose Schamlosigkeit« (Kreissynode II Berlin vom 17. Mai 1904.)

Sie wähnen ein ebenso gutes Werk zu tun, wie weiland Fürstbischof Philipp, wenn sie schwere Freiheitsstrafen für die Homosexuellen fordern.

Nun prüfe, was ich Dir von den Berliner Urningen erzählte – daß alles der Wahrheit entspricht, dafür stehe ich ein – erwäge es mit Deinem Verstande und Deinem Herzen und entscheide, wo mehr Wahrheit, mehr Liebe, mehr Recht, ob bei jenen Männern der Kirche, die sich gewiß für sehr frei von Schuld halten, sonst würden sie schwerlich so viel Steine auf die Homosexuellen werfen, oder auf Seiten derer, die nicht wollen, daß sich die Opfer menschlichen Unverstandes noch höher häufen, die entsprechend den Ergebnissen wissenschaftlicher Forschung und der Selbsterfahrung vieler tausend Personen wünschen, daß endlich Verkennung und Verfolgung aufhören, an welche die Menschheit zurückdenken wird, wie an die Hexenprozesse Philipps, des streitbaren Bischofs von Franken.